AF235785

Widmung

Das Bild auf dem Buchumschlag erinnert an die Jünger im Seesturm, an Petrus, der aus dem Boot steigt, auf dem Wasser geht, beinahe versinkt, aber von Jesus gerettet wird. Die Kirche hat eine Zukunft, aber sie ist im Sturm. Sie muss aus dem Boot alter Sicherheiten steigen und Neues wagen. Die Kirche auf dem Bild ist bereits ausgestiegen. An ihrem Turm befindet sich eine Uhr, deren Zeiger auf neun Uhr stehen. Laut der Apostelgeschichte ereignete sich das Pfingstwunder zur dritten Tagesstunde, das ist nach heutiger Stundenzählung um neun Uhr früh. Die Zeiger der Turmuhr stehen also auf Hoffnung.

Ich widme dieses Büchlein den Mitarbeiterinnen und Mitarbeitern von RefLab, einem Projekt der reformierten Kirche Zürich, insbesondere drei Personen, die mir vertraut sind: *Carla Maurer*, meiner Nachnachfolgerin an der Schweizer Kirche London, sowie *Manuel Schmid* und *Stephan Jütte*, die ich beim Mitverfolgen ihrer fröhlichen Podcast-Streitgespräche – *Woran glauben Christen und was können sie getrost aufgeben?* – ins Herz geschlossen habe.

Dank

Mein Dank geht an Sabine Szabo für die Gestaltung des Umschlags und an Kathrin und Urs Meier-Scheidegger für Lektorat und Layout.

Marcel Dietler

Hat die Kirche noch eine Zukunft?

Wenn ja, was für eine?

Bibliografische Information der Deutschen Nationalbibliothek: Die Deutsche Nationalbibliothek verzeichnet diese Publikation in der Deutschen Nationalbibliografie; detaillierte bibliografische Daten sind im Internet über http://dnb.dnb.de abrufbar.

© 2022 Marcel Dietler

www.marceldietler.ch

Umschlagbild: Sabine Szabo (www.sabine-szabo.ch)

Layout und Lektorat: Urs und Kathrin Meier

Herstellung und Verlag: BoD – Books on Demand, Norderstedt

ISBN: 9783756220984

Inhalt

Vorwort

Der christliche Glaube ist wie ein befruchtender Regen, der immer weiterzieht. Jetzt ist er zu uns gekommen. Das soll Martin Luther gesagt haben. Ich habe es zwar in keinem Luthertext gefunden, es ist aber trotzdem ein gutes Wort.

Der befruchtende Regen ist zu uns gekommen. Wo ist dieser Regen denn heute? Und wer ist «uns»? In meiner Jugendzeit (ich habe Jahrgang 1937) war das Christentum mehrheitlich eine Religion der Europäer und Amerikaner, also eine Religion der Weissen. In der Schweiz gehörten damals 98 Prozent der Bevölkerung einer christlichen Kirche an. Stolze 52 Prozent waren evangelisch-reformiert, heute sind es gerade noch 26 Prozent, also genau die Hälfte. 2019 bezeichneten sich in Zürich 40, in Basel gar 50 Prozent der Menschen als konfessionslos. Selbst im frommen Kanton Wallis waren es 18 Prozent. Und diese Entwicklung schreitet munter voran – jedenfalls in Europa. Weltweit ist die *weisse Christenheit* heute eine Minderheit. Die Christen sind mehrheitlich *coloured people*, und das nicht wegen der schrumpfenden Zahlen bei den weissen Christen, sondern weil die *Coloured-people*-Christenheit ein grosses Wachstum verzeichnet. Das *Coloured-people*-Christentum ist ein völlig anderes Christentum als das nüchterne reformierte, auch ein völlig anderes als das katholische Schweizer Christentum. Diese Christen werden in Zukunft auch unsere Kirchen nachhaltig prägen.

Teil 1

Besuch bei einer Kirche von Ex-Verbrechern

Ich habe in Lima in Peru an einem Sonntagsgottesdienst teilgenommen, der von zwanzigtausend Personen besucht wurde. Der Gottesdienst dauerte mehrere Stunden. Als ich die riesige Halle betrat, lobten sie gerade Gott. Als Ausländer fiel ich auf, und so kam sofort einer der Pastoren brüllend auf mich zu. Er brüllte nicht etwa, weil er sich über den Besuch des Fremden geärgert hätte, sondern weil das Gotteslob der zwanzigtausend Leute so laut war. Brüllend fragte er mich, ob er mich zum Essen einladen dürfe – im Gottesdienst wurde nämlich gegessen und getrunken. Die Verpflegungsnische befand sich auf einem Podium, von dem aus ich alles gut mitverfolgen konnte. Während ich mit dem Pastor ein reichhaltiges Frühstück einnahm, ging die lärmige Anbetung weiter. Es war spannend. Viele brachen vom heiligen Geist getroffen in Tränen aus, andere fielen zu Boden. Das Gotteslob wurde von Zeit zu Zeit unterbrochen durch kurze Predigten und Beiträge von Menschen, die bezeugten, wie sie zum Glauben gekommen waren. Weil der Gottesdienst sehr lange dauerte, wurden die Leute hungrig und tauchten auf dem Imbisspodium auf. Sie assen, nahmen aber zwischen den einzelnen Bissen weiterhin am Gemeindegesang teil. Mein Gastgeber erzählte mir brüllend, viele dieser Gemeindeglieder seien ehemalige Verbrecher und Terroristen, geheilte Alkoholiker und Drogenabhängige. Geheilte Säufer und gläubig gewordene Verbrecher loben Gott nicht gesittet mit Bach-Arien und ruhigen Kirchenliedern. Es klingt anders als bei uns, immer noch ein bisschen wie in einer Räuberhöhle. Nach zwei Stunden in diesem heiligen Getümmel – ich meine das nicht ironisch, es war tatsächlich heilig – musste ich mal. In der grossen Toilettenhalle standen etwa zwanzig Männer vor den Pinkelschüsseln, singend und betend. Mein Pinkelnachbar fragte mich treuherzig, ob er mir erzählen dürfe, warum er beim Pinkeln Halleluja rufe. Ich wollte das gerne wissen. Der Mann

15

hatte seit Tagen nicht mehr richtig urinieren können, doch jetzt im Gottesdienst floss und floss es. Ich überwand meine Schweizer Hemmung und stimmte in sein lautes Dank-Halleluja ein.

Der mehrstündige Gottesdienst war ein fremdartiges, aber gutes Erlebnis. So etwas würde auch vielen Schweizer Pfarrerinnen und Pfarrern guttun – allerdings erst nach einer erklärenden Einführung. Ohne Einführung würden die meisten entsetzt die Flucht ergreifen.

Das neue Jerusalem

In einem ebenso ungewohnten Gottesdienst wie demjenigen in Lima, der aber in der Urwaldsiedlung Segunda, ebenfalls in Peru, gefeiert wurde, durfte ich vor tausend Gläubigen sogar predigen. Voll ausgeschrieben heisst der Ort Segunda Jerusalén, zweites Jerusalem, doch auf der Landkarte steht nur Segunda. In meinem Tagebuch finde ich über Segunda Jerusalén die Notiz: «Die Lesung dieses Berichts ist für feinfühlige Schweizer Rationalisten ungeeignet. Für Kopfverlust, ausgelöst durch heftiges Kopfschütteln, lehne ich jegliche Verantwortung ab.»

Segunda ist eine kleine Stadt mit zehntausend Einwohnern. Es gibt dort keine Kriminalität; Segunda ist das gewaltfreie Jerusalem. Dass es keine Kriminalität gibt, ist in Peru aussergewöhnlich. In Segunda werden die Haustüren jedoch auch nachts nicht verschlossen. Aussergewöhnlich ist weiter die Tatsache, dass es in der Stadt kein Hotel gibt. Wer in Segunda übernachten will, muss beim Gemeindebüro anrufen. In der Gemeindeverwaltung befindet sich das einzige Telefon der Stadt. Man muss am Telefon sagen, wer man ist, wann man nach Segunda kommt und warum. Dann wird das Anliegen per Lautsprecher über die ganze Stadt ausgerufen. Wer dem Aufruf als erster Folge leistet, erhält den Gast. Ich hörte, wie ich in Segunda als reformierter Pfarrer aus der Schweiz ausgerufen wurde, der beabsichtige, die Prophetenstadt kennenzulernen. Innerhalb von zehn Minuten hatte ich den Namen meiner Gastfamilie.

Prophetenstadt? In welchem Sinn sollte Segunda denn eine Prophetenstadt sein? – Die Geschichte ihrer Entstehung erinnert mich an Abraham, der den Befehl erhalten hatte, seine Vaterstadt zu verlassen und an den Ort zu gehen, den ihm Gott zeigen würde. Laut alten Zeitungsberichten, welche man mir zu lesen gab, sahen sich die Behörden von Rioja, der Provinzhauptstadt der Region San Martín im Norden von Peru, im Februar 1974 mit dem Problem konfrontiert, dass an ihrem kleinen Flugplatz per

Flugzeug, per Bus oder auch zu Fuss Leute eintrafen, die einander nicht kannten, die aber alle eines gemeinsam hatten: Alle waren an ihren Ursprungsorten Mitglieder einer Pfingstkirche gewesen und alle behaupteten, von Gott den Befehl erhalten zu haben, alles zu verlassen, nach Rioja zu reisen und dort auf weitere Anweisungen zu warten. Es blieb den Behörden nichts anderes übrig, als diese Verrückten zu verpflegen und am Flugplatz übernachten zu lassen. Ursprünglich waren es lediglich sechzehn Personen gewesen, doch die Gruppe wurde täglich grösser, bis sie schliesslich zu Fuss abzog.

Am 25. Februar 1974 hatte der Bauer Tomás Pachamora Devila im Dorf Tingo María im Gebet die Weisung erhalten, ein Gastmahl für zweihundert Personen vorzubereiten. Er tat es, und als die Gotteswanderer eintrafen, stärkten sie sich an dem Essen. Sie wählten den Gastgeber zu ihrem Leiter und nannten ihn Prophet Severo. Der Prophet verkaufte seinen Hof und zog mit Frau und Kindern mit der Gruppe auf indigenen Trampelpfaden in den Regenwald. Nach einem mehrtägigen Marsch warf er den Wanderstab und erklärte: «Dort, wo der Stab hingefallen ist, bauen wir den Tempel. Im Berg vor uns liegt unser Reichtum.» Die Auswanderer bauten Häuser und den Tempel. Was der Prophet nicht gewusst hatte: Es war bereits eine Strasse geplant, welche just an ihrer Siedlung vorbeiführen würde. Der Berg wurde zum Bergwerk und damit zur Grundlage für eine blühende Zementfabrik, was ohne die im Bau befindliche Strasse nicht möglich gewesen wäre. Das Land, das als unfruchtbar galt, wurde den Pfingstlern zu einem Spottpreis überlassen. Es gelang der Gruppe, das erworbene Land fruchtbar zu machen. Den Ausdruck Biofarming gab es damals noch nicht, doch genau in diesem Sinn begannen diejenigen, die nicht Zement produzierten, zu arbeiten. Das Wunder der abrahamitischen Auswanderung sprach sich herum, es wanderten weitere Pfingstgläubige ein, auch einige Katholiken. So gibt es in Segunda nun einen riesengrossen, hallenartig aussehenden Tempel mit Blechdach und eine kleine Kapelle für die katholische Minderheit, und Segunda ist bekannt für seinen Zement und seine Bioprodukte.

18

Meine Gastgeber hatten sich auf der Abrahamwanderung kennengelernt. Gladys ist indigener Abstammung, Ciros Vorfahren waren aus Italien nach Peru gekommen. Von allem Anfang an herrschte in Segunda ein Rassengemisch – Gott ist der Vater aller Menschen. Im neuen Jerusalem sollten die Angehörigen verschiedener Rassen lernen, dass man eine gemeinsame Familie ist. Wenn meine Gastgeberin lachte, blitzte in ihrem Mund ein Goldzahn. Bereits gewöhnt an viele Wundererzählungen, fragte ich sie: «Gladys, wie bist du zu deinem goldenen Zahn gekommen?» Gladys brach in schallendes Lachen aus. «Ach so», rief sie, «du bist in Segunda bereits Menschen begegnet, denen Gott durch ein Wunder die Zähne geflickt hat. Du wirst es nicht glauben, Marcel», wieder schüttelte es sie vor Lachen, «meinen Goldzahn hat der Zahnarzt in Rioja eingesetzt. Bei mir hat das Zahngebet nicht funktioniert. In unserer Stadt gibt es weder einen Arzt noch einen Zahnarzt. Wenn wir krank sind, lassen wir zuerst für uns beten, was sehr oft eine Heilung zur Folge hat, aber wenn keine Heilung geschieht – was ebenfalls häufig ist –, gehen wir ganz selbstverständlich zum Arzt nach Rioja und niemand wirft uns Unglauben vor, wenn wir das tun. Ärzte und Zahnärzte arbeiten ja schliesslich auch für Gott.»

Durch das öffentliche Telefonat hatte der Prophet von dem zu erwartenden Gast gehört und meine Gastgeber gebeten, mich ihm vorzustellen. Der freundliche alte Mann stutzte, als ich vor ihm stand. «Kann es sein, dass wir uns kennen?», fragte er. Auch ich war überrascht, denn mir kam der sympathische Mann ebenfalls bekannt vor. Doch warum sollte ich ausgerechnet in einer Regenwaldstadt in Peru einen Mann kennen, noch dazu den Propheten einer Kirche, die Herr und Frau Schweizer wohl als Sekte bezeichnen würden? Der Prophet begann zu strahlen: «Ich hab's, du bist der Schweizer Vater der Strassenkinder von Cusco. Ich habe eine Tochter in Cusco, wir sind uns in Cusco in einem Gottesdienst begegnet.» Jetzt erwachte auch in mir die Erinnerung. Wir hatten nach besagtem Gottesdienst beim Gemeindemittag-essen am selben Tisch gesessen und ein freundliches Gespräch über

19

das Leben von Strassenkindern geführt. Dem bescheiden wirkenden Mann war aufgefallen, dass die Kinder mich Papito nannten. Severo war begeistert, den Strassenkinder-Schweizer in seiner Urwald-Prophetenstadt willkommen zu heissen. «Wir haben in Segunda jeden Abend Gottesdienst», teilte er mir mit, «am Samstag ist die feiernde Gemeinde am grössten, da kommen über tausend Leute. Würde es dir Freude machen, im Samstagsgottesdienst zu predigen? Als Schweizer Pfarrer hast du ein akademisches Studium absolviert. Akademische, logisch aufgebaute Predigten sind bei uns selten, nur wenn ein Gastprediger kommt, können wir solide Bibelauslegung geniessen. Bei uns läuft alles über prophetische Eingebungen, da kommt die Bibel manchmal zu kurz. Von dir erwarten wir eine kräftige Bibelauslegung, so etwas im Sinn von Calvin.» Severo kannte Calvin und wusste von reformierter Bibelauslegung. Seine Offenheit und sein Vertrauen berührten mich. Der Prophet hatte eine grosse Achtung vor der Schweiz. «Manchmal predigen bei uns auch Schweizer Pfingstler», erzählte er. «Wenn mein holpriges Spanisch nicht stört, sage ich gerne zu», antwortete ich.

Es war Dienstag. Mit Bibel und Wörterbuch machte ich mich sofort an die Arbeit für meine Samstagspredigt. Ich wurde jedoch dauernd gestört. Durch die Lautsprecherstimme wusste die ganze Stadt, dass ein Schweizer zu Besuch gekommen war. Männer und Frauen wollten mich verköstigen und mir möglichst viel vom geistlichen Leben in der Umgebung zeigen. Man führte mich in Urwalddörfer zu christlichen Gruppen, zu halbnackten Waldbauern, die gleichzeitig Prediger waren. Wenn ich nicht mit Erwachsenen unterwegs war, klopften Kinder an die Türe meiner Gastgeber und fragten, ob nicht der Pfarrer aus der Schweiz mit ihnen spielen würde. Sie gingen mit mir schwimmen. Die Stadt Segunda schmiegt sich direkt an die Andenkette. Aus einem Felsen schiesst ein mächtiger eiskalter Wasserschwall, Wasser, das man ungefiltert trinken darf. Die Kinder setzten sich und mich in Autoschläuche. Zisch! sausten wir bergab und landeten mit einem Plumps in einem kleinen Waldsee. Zu Fuss wieder hoch und dann

20

wieder hinuntergesaust, immer wieder. Es war wunderbar mit diesen Kindern. «*Nos vemos sábado* – wir sehen uns am Samstag», sagten sie zum Abschied. Sie wussten bereits, dass ich am Samstag predigen würde, und wollten dabei sein.

Der riesige Tempel mit dem Blechdach war bereits gut gefüllt mit erwartungsvollen Menschen, als ich in der Pastorenschar mit dem Propheten einzog und auf der Bühne Platz nahm. Noch immer strömten Menschen herein. Beim Betreten des Tempels knieten sie andächtig nieder und beteten still zwei, drei Minuten lang, bevor sie einen Platz suchten und sich setzten. Das war jedoch die einzige Stille, die mir entgegenkam. Auf das Blechdach trommelte der Regen – wir befanden uns ja im Regenwald –, an der Decke bewegten mächtige Ventilatoren die heisse Luft und Musiker übten bereits für den Gottesdienst.

Der Gottesdienst begann mit einem Lied. Nach dem Lied drehten sich Männer, Frauen und Kinder in Richtung Ausgang, ballten drohend die Fäuste und brüllten: «*Fuera!* Raus!», worauf der Teufel mit sämtlichen Dämonen schleunigst die Flucht ergriff. Alle hatten ihre eigene Bibel mitgebracht. Die vom Propheten und anderen Pastoren angekündigten Verse wurde von der ganzen Gemeinde laut gelesen. Gute Leserinnen und Leser achteten darauf, ob alle die Texte richtig lasen oder ob jemand Hilfe benötigte. Es fand ein eigentliches Alphabetisierungsprogramm statt. Nicht nur Kinder hatten Schulung nötig, es gab auch Erwachsene, die kaum lesen und schreiben konnten. Auf die Schulung folgte eine längere Zeit der *Alabanza* – Anbetung, das Geniessen Gottes. Die *Alabanza* bestand aus Musik, Gesang und freien Gebeten von Gemeindegliedern. Manche Arbeiterinnen und Arbeiter, welche tagsüber hart gearbeitet hatten, wurden vom Schlaf übermannt. Sie wurden von Männern und Frauen, welche eigens für den Weckdienst mit langen Weckstecken ausgerüstet waren, durch einen sanften Schlag an die Schulter geweckt. Nach einer Weile verstummten der Gesang und die freien Gebete, nur die Musik spielte noch. Frauen traten auf die grosse weite Fläche zwischen

Pastorenbühne und Gemeindebänken und begannen zu tanzen. «Sie werden gleich Prophetien sprechen», flüsterte mir der Prophet zu. Auch meine jugendlichen Badefreunde und -freundinnen wollten tanzen, sie wurden jedoch vom Weckpersonal auf die Sitzbänke zurückgewiesen. «Dürfen Kinder nicht prophezeien?», fragte ich. «Doch», lautete die Antwort, «aber die Kinder, die du gesehen hast, sind keine Propheten, sie haben mit dir im Wasser Spass gehabt und sich mit dir angefreundet, und jetzt hoffen sie, dass du sie beim Tanzen fotografierst. Du darfst die Prophetinnen durchaus fotografieren; sie werden es nicht merken, sie sind in Verzückung.» Die Musik hörte auf zu spielen, doch in den Herzen der Prophetinnen klang die Musik offenbar weiter. Es war ganz still im Tempel, man hörte nur die nackten Füsse der Frauen, die zu der unhörbaren Musik weitertanzten. Plötzlich standen die Tänzerinnen still und begannen zu weissagen, Worte der Ermutigung, lieb und harmlos. Doch es konnte offenbar auch anders sein. Der Prophet flüsterte mir zu: «Manchmal werden konkrete Sünden ausgesprochen, die jemand begangen hat, und diejenigen, welche sie getan haben, stehen auf und bitten Gott um Vergebung. Diebesgut muss wieder zurückerstattet werden, sonst gibt es keine Vergebung.» Auf einmal ging mir auf, warum es in Segunda keine Polizei braucht: Die Täter werden prophetisch überführt. Severos Geflüster entnahm ich, dass manchmal Krankheiten erkannt wurden, an welchen Gemeindeglieder litten. Dann hiess es beispielsweise: «Wir haben jemanden in unserer Mitte, der unter Atemnot leidet (oder unter Zahnweh oder einer schweren Krankheit). Die Person mit dem geschilderten Leiden möge nach vorn kommen.» Die Person mit dem angesprochenen Leiden kam dann nach vorn und wurde geheilt oder eben auch nicht; der Zahn wurde durch Gebet erneuert oder eben auch nicht. Ich erinnerte mich an Gladys' Goldzahn. Nach dem prophetischen Teil gab es wieder Musik und anschliessend *Sorpresas* – Überraschungen. Neu Eingewanderte wurden begrüsst, gesegnet und in die Gemeinde aufgenommen. Ihnen wurden erfahrene Gemeindeglieder zugeteilt, die ihnen helfen sollten, in Segunda ein

22

Haus zu bauen und Arbeit in der Zementfabrik oder in der Biolandwirtschaft zu finden.

Der Gottesdienst hatte bereits zwei Stunden gedauert, als ich im Rahmen der *Sorpresas* an die Reihe kam. Ich befand mich in einer Gemeinde, die völlig anders feierte als Europäer in evangelischen oder katholischen Gottesdiensten. Die Segunda-Jerusalén-Gottesdienste lassen sich auch nicht vergleichen mit europäischen freikirchlichen Gottesdiensten. Europäer sind sehr befremdet, wenn sie derartige Gottesdienste miterleben. Für landeskirchliche Theologinnen und Theologen ist so etwas psychologische Manipulation und Freikirchler urteilen noch schärfer: So etwas ist vom Teufel. Ähnliche Probleme stellten sich den ersten Christen jüdischer Herkunft fern von Jerusalem, als Griechen und Römer den Christusglauben annahmen. Leute wie Petrus waren bei den neuen Glaubensformen sehr misstrauisch. In Jerusalem hatten sie einen Mann, der für seine Weisheit bekannt war. Diesen schickten sie zu diesen so ganz anderen Gläubigen. Er kam mit gutem Bericht zurück. Diese Geschichte ist zu finden in Apostelgeschichte 11,23, die ich als Predigttext ausgewählt hatte.

Als Barnabas hinkam und die Gnade Gottes sah, freute er sich.

Ich sprach in meiner Predigt von meiner Freude über diese so ganz andere Glaubensart in Segunda Jerusalén und zeigte meine Bereitschaft, von ihnen zu lernen, teilte ihnen aber auch mit, dass unsere Art zu glauben und zu feiern für sie genauso befremdend sein würde, und dass das Lernen gegenseitig sein dürfe. Ich nahm Bezug auf die Aussage des Propheten, dass seine Leute kaum etwas über die historischen Hintergründe der Bibel wüssten. Die Gemeindeglieder waren das, was wir Fundamentalisten nennen, doch waren sie das auf sympathisch inkonsequente Art und Weise. Auf der einen Seite glaubten sie, dass jedes Wort der Bibel vom heiligen Geist inspiriert sei, doch anderseits prophezeiten sie munter Dinge, die mit der Bibel wenig oder nichts zu tun hatten. Ich liess Texte lebendig werden, in denen die Bibel selber einiges aus ihrer Entstehungsgeschichte preisgibt. Hörspielartig erzählte ich aus 2. Könige 22, wie die Judäer zur Zeit von König Josia kaum etwas von der damaligen Heiligen Schrift gewusst hatten. Die Bibel war schlicht und einfach verlorengegangen. Doch bei einer Renovation des Tempels stiessen die Arbeiter auf die eingemauerte Schriftrolle. Das Auffinden des heiligen Textes veranlasste den König, eine geistliche Reformation anzuordnen. Auch den Propheten Jeremia holte ich aus der historischen Verborgenheit und liess König Jojakim wütend eine Schriftrolle verbrennen, worauf Jeremia die Worte seinem Sekretär unerschrocken noch einmal diktierte und dabei auch die Verbrennung der Schriftrolle erwähnte. Aus dem Neuen Testament gefiel vor allem den Kindern der Knabe Markus, der die Verhaftung Jesu mitten in der Nacht im Garten Gethsemane miterlebt hatte. Das neugierige Kind war den Gästen seiner Eltern insgeheim im Nachthemd in den Garten Gethsemane gefolgt, wo es sich in einem Gebüsch versteckte. Die Tempelpolizei entdeckte den Knaben und wollte ihn ergreifen, doch sie erwischten bloss das Nachthemd und der Bub entwischte ihnen nackt (Mk. 14,51). Meine Badespass-Kinder brachen wegen des nackten Buben und der Soldaten, welche das leere Nachthemd in den Händen ärgerlich anstarrten, in schallendes Gelächter aus. Der nackte Bub wurde später der Schreiber des Markusevangeliums. Die Gemeinde hörte meinen Ausführungen gebannt zu. Mit meinem langsamen, holprigen Spanisch hatte meine Predigt mehr als eine Stunde gedauert, doch sie fanden, ich hätte viel zu kurz gepredigt. Auch dem Propheten hatte meine Predigt gefallen. Er fragte mich allen Ernstes, ob ich nicht als Bibelausleger und Englischlehrer bei ihnen bleiben möchte.

24

Kirche und Reich Gottes

Ich werde manchmal gefragt, wie es sich anfühle, zu einer sterbenden Sache zu gehören. Ich antworte dann jeweils, ich würde gar nicht einer sterbenden Sache angehören. Im Blick auf die zahlenmässig schrumpfende Landeskirche bin ich zwar traurig; die reformierte Landeskirche ist meine Heimat. Ich fühle mich auch mit der katholischen Kirche sehr verbunden. Was in der katholischen Kirche zurzeit alles ans Licht kommt, erfüllt mich allerdings nicht nur mit Trauer, sondern auch mit Scham. Ich kann jeden verstehen, der unseren Landeskirchen davonläuft. Da ist Vieles am Sterben. Im Blick auf die weltweite Kirche aber kann ich freudig sagen: «Ich diene einer stürmisch wachsenden Sache. Es grünt und blüht und wächst, teils verrückt und theologisch sogar schräg, aber es findet Wachstum statt. Das Reich Gottes ist im Kommen.»

Ist die Kirche denn überhaupt identisch mit dem Reich Gottes? Ich habe einmal den Satz gelesen: *Die ersten Christen erwarteten zu Pfingsten das Reich Gottes – und es kam die Kirche.* Reich Gottes ist in der Bibel überall dort, wo der Wille des Menschen und Schöpfung liebenden Gottes sich durchsetzt oder Menschen diesem Willen bewusst oder unbewusst dienen – der Perserkönig Kyros etwa, der den von den Babyloniern verschleppten Judäern die Rückkehr in ihr Land ermöglichte, wird im Alten Testament geradezu mit einem Messias verglichen (2. Chr. 36,22; Esra 1,1; Jes. 44,28 und 45). Die Kirche – jedenfalls die Institution Kirche – ist keineswegs identisch mit dem Reich Gottes, dass aber die Gemeinschaft von Christusgläubigen zum Reich Gottes gehört, wird im Neuen Testament klar bezeugt. Kirche als solche Gemeinschaft ist bei Paulus der Leib Christi in dieser Welt. Sobald diese Gemeinschaft sich organisiert, wird sie zur Institution – was nicht heisst, dass sie aufhört, Leib Christi zu sein, doch Institutionen kommen und gehen, während das Reich Gottes ist, bleibt und kommt. Das Schrumpfen der klassischen Kirchen in Europa ist nicht gleichbedeutend mit dem Verschwinden der

25

Gottesherrschaft, diese breitet sich selbst in Europa nach wie vor aus. Auch das Judentum ging mit der Zerstörung des zweiten Tempels (des herodianischen Tempels) ja nicht unter, ausserdem trat neben und aus dem Judentum eine neue Dynamik Gottes auf den Plan: das Christentum. Als konstantinische Institution entwickelte das Christentum grosse Macht und bewirkte oft das Gegenteil dessen, was Christus gebracht hatte. Aber man darf nicht nur das Negative sehen, in der mächtigen katholischen Kirche wurde auch immer wieder das Reich Gottes sichtbar. Aber jedenfalls war die katholische Kirche – und dasselbe gilt für die Kirchen, die aus der Reformation hervorgingen – nicht das von Christus bezeugte Salz in der Suppe, sondern die Suppe selber. Heute hingegen sind die einst so mächtigen katholischen und evangelischen Kirchen dabei, wieder Salz zu werden.

Wenn im Alten Testament der Perserkönig Kyros mit dem Messias verglichen wird und folglich der Ausbreitung der Gottesherrschaft dient, dann dürfen wir auch die Tätigkeit von Amnesty International und den Einsatz der Klimajugend als etwas Messianisches betrachten. Ob sich Aktivistinnen und Aktivisten bewusst oder eher unbewusst biblischer Bilder bedienen, entzieht sich meiner Kenntnis, aber ich habe gestaunt, Jugendliche aus der Westschweiz in einem selbstgebastelten Schiff auf dem Bundesplatz vor dem Bundeshaus zu sehen. Über dem Schiff standen die Worte: *Nous sommes tous dans le même bateau.* Die Burschen und Mädchen freuten sich, als ich ihren Einsatz mit der Arche Noah verglich. Die Behörden der Stadt Bern waren tagelang mit den Jugendlichen im Gespräch, bevor sie die Polizei aufboten und sie von der Polizei relativ sanft wegtragen (!) liessen. Weniger behutsam ging die Polizei mit den Transparenten und Symbolen um. Die Arche Noah aus der Westschweiz landete nicht auf dem Berg Ararat, sondern lag zerbrochen auf einem Abfallhaufen.

Bewusst setzten die LGBT das biblische Symbol des Regenbogens auf ihre Fahnen, sehr zum Ärger von evangelikalen Christen. Aber Gott und sein Reich lassen sich nun einmal nicht in ein christliches

26

Getto einschliessen, weder ein konservatives noch ein liberales. Auch der Hindu Mahatma Gandhi schöpfte die Inspiration und die Kraft für den gewaltlosen Freiheitskampf Indiens aus der Bergpredigt Christi.

Das Reich Gottes ist nicht auf die Kirche beschränkt, weder auf die Landeskirchen noch auf die Freikirchen, und es wächst, auch wenn in Europa die Kirchen schrumpfen. Doch in Europa braucht es die Kirche weiterhin, selbst wenn sie klein und ohne weltliche Macht sein wird. Der Theologe Fulbert Steffensky nennt die Kirche das Haus, das die Träume verwaltet, die biblischen Mythen, die immer wieder den Traum entstehen lassen, dass die Welt nicht so bleiben muss, wie sie ist.

Partnerschaft

Im Mittelalter galt die Devise *philosophia ancilla theologiae:* Die Philosophie ist die Magd der Theologie, sie muss der Theologie zudienen. Mit Philosophie war nicht bloss das philosophische Denken gemeint, sondern jedes vernünftige, auch wissenschaftliche Denken über die Wirklichkeit. Widersprach die Vernunft dem, was die Theologie bzw. die Institution Kirche sagte, hatte sich die Vernunft dem kirchlichen Dogma zu unterwerfen. Es gab weder Kunst noch Wissenschaft noch Philosophie, die dem christlichen Dogma Konkurrenz gemacht hätte. Buddhismus und Hinduismus waren in der damaligen grossen weiten Welt weder Alternative noch Gesprächspartner, Juden wurden als sogenannte Christusmörder verfolgt und gegen den Islam führte man Kreuzzüge. Alles hatte sich dem Dogma zu unterwerfen. Einbrüche in diese konkurrenzlose Macht der Papstkirche ereigneten sich zwar bereits in der Reformation, doch die entscheidende Wende brachte erst das Zeitalter der Aufklärung. Nun wurde bei den Menschen mit höherer Bildung die Vernunft zur Alleinherrscherin. Dieser Prozess setzte sich bis ins zwanzigste Jahrhundert fort und hat Auswirkungen bis in die Gegenwart.

Wer wie ich über achtzig Jahre alt ist, befindet sich heute in einer völlig anderen Welt als in seiner Jugend. Als ich ein Kind war, gehörten die Frauen zu den Kindern und an den Herd, Schwule und Lesben galten nach damaligen medizinischen und psychologischen Annahmen als Perverse und jeder Schweizer und jede Schweizerin war Mitglied der römisch-katholischen, der christ-katholischen oder der reformierten Landeskirche. Ins Gymnasium und an die Universität ging nur eine Minderheit von jungen Männern, Frauen waren an diesen Bildungsstätten eine exotische Erscheinung.

Ich besuchte den Konfirmandenunterricht bei einem aussergewöhnlichen Pfarrer. Ich erinnere mich noch an sein geheimnisvolles Lächeln, als er uns Konfirmanden zum Vortrag einer Theologin einlud. Theologin, Pfarrerin – gab es so etwas überhaupt? Ich musste unbedingt an diesen Vortrag gehen, ich wollte die Theologin sehen. Für mich war das so ähnlich, als ob man in der Aare einen Wal hätte schwimmen sehen.

Hätte man damals als Protestant bei einem katholischen Freund ein Wort gegen den Papst gesagt, hätte man einen gewaltigen Streit ausgelöst. Heute werden katholische Freunde fast ebenso ärgerlich, wenn man als evangelischer Christ beschwichtigend sagt, Papst Franziskus sei doch eigentlich ganz gut.

Von christlichen Dogmen will kaum mehr jemand etwas wissen. Herr und Frau Heute haben ganz andere Dogmen – wissenschaftliche Dogmen. Doch Herr und Frau Heute können sich mit den wissenschaftlichen Dogmen genauso fundamentalistisch gebärden wie ewiggestrige Christen, die es ja auch immer noch gibt. Diese fundamentalistischen Pseudowissenschaftler behaupten, dass es zwischen Wissenschaft und Glauben einen Kampf auf Leben und Tod gebe und dass der Glaube diesen Kampf bereits verloren habe. Echte Wissenschaftler und auch Theologen wissen dagegen, dass dieser Kampf längst in einen Friedensprozess übergegangen ist.

Ich lade die Leserinnen und Leser ein, mit mir darüber nachzudenken, was die Wissenschaft, der wir unendlich viel verdanken, alles kann und was sie nicht kann.

- Kann und soll die Wissenschaft uns sagen, wie wir uns in einer Pandemie verhalten müssen? Social distancing, Masken tragen, Lockdown? – Ja, das kann und soll sie.
- Kann die Wissenschaft uns beibringen, ob die Schweiz Mitglied der EU werden soll oder nicht? – Nein, das kann sie nicht. Das hat mit Wissenschaft nichts zu tun, das ist Politik.
- Kann die Naturwissenschaft beweisen, dass es ein Gesetz der Schwerkraft gibt? – Ja, das kann sie.

29

- Kann die Naturwissenschaft beweisen, dass es schlecht ist, einen Mitmenschen, Mann oder Frau oder Kind, sexuell zu missbrauchen? – Nein, das kann sie nicht. Das hat mit Wissenschaft nichts zu tun, das ist Ethik.
- Kann die Naturwissenschaft beweisen, dass das Universum sich immer weiter ausdehnt? – Ja, das kann sie.
- Kann die Naturwissenschaft beweisen, dass das Universum durchdrungen ist von einem tiefen Sinn? – Nein, das kann sie nicht.
- Jean-Paul Sartre sagte einmal: Geboren werden ist sinnlos, leben ist sinnlos und sterben ist sinnlos. Kann die Naturwissenschaft beweisen, dass Sartre nicht Recht hat, dass das Universum – und also auch unser Leben – vielmehr durchdrungen ist von einem tiefen Sinn? – Nein, das kann die Naturwissenschaft nicht. Das ist die Sache der Religion.
- Kann die Wissenschaft beweisen, dass es Gott gibt? – Nein, das kann sie nicht.
- Kann die Wissenschaft beweisen, dass es Gott nicht gibt? – Nein, das kann sie auch nicht.
- Aber gibt es nicht trotzdem Leute, die hartnäckig und dumm behaupten, dass die Wissenschaft beweisen könne, dass es Gott nicht gibt? – Ja, solche Leute gibt es zu tausenden.
- Ist ein Wissenschaftler, der dank seiner Erkenntnisse als Physiker vierzig Erfindungen gemacht und sie patentieren lassen hat, ein guter Wissenschaftler? – Ja, das ist er. Er heisst Bernhard Philberth. Er wurde nach einer mystischen Saulus-Paulus-Gotteserfahrung katholischer Priester, Priester *ad titulum patrimonii*, d.h. er las täglich eine Messe, arbeitete aber nicht in einer Pfarrei, sondern setzte seine naturwissenschaftliche Tätigkeit fort.

Der protestantische Naturwissenschaftler Alister McGrath machte keine mystische Erfahrung. Bei ihm lief alles kühl über das

30

Denken. Alister McGrath war überzeugter Atheist. Er dachte immer wieder ehrlich über die Wirklichkeit nach und kam zum Schluss: Die Naturwissenschaft erfasst nur einen Teil der Wirklichkeit, für den andern Teil braucht es die Religion. Seine Religion wurde der christliche Glaube. Alister McGrath fand in Christus ein Gegenprogramm zu der um sich greifenden Sinnlosigkeit: *Ich bin hungrig gewesen, und ihr habt mir zu essen gegeben. Ich bin durstig gewesen, und ihr habt mir zu trinken gegeben. Ich bin ein Fremder gewesen, und ihr habt mich aufgenommen. Ich bin nackt gewesen, und ihr habt mich bekleidet. Ich bin krank gewesen, und ihr habt mich besucht. Ich bin im Gefängnis gewesen, und ihr seid zu mir gekommen* (Mt. 25,35-36). Für dieses Gegenprogramm zur Sinnlosigkeit ist die Wissenschaft nicht zuständig. Alister McGrath ist heute Theologieprofessor in Oxford. Er wird nicht müde, seinen Studenten zu sagen: «Wissenschaft und Religion ergänzen einander.» Weder behandelt der Glaube die Wissenschaft als Magd oder als Herrin noch tut die Wissenschaft solches mit der Religion. Beide sind gleichberechtigte Partner. Und beide entwickeln sich laufend weiter.

Wissenschaft und Religion bzw. Wissenschaft und Kirche sind indessen nicht nur Partner in ihrer gegenseitigen Ergänzung, sie sind auch Partner mit einem ähnlichen Schicksal. Jahrhundertelang hatte die Kirche das Sagen. *Sie besass den einzig wahren Glauben*, dem die Menschen sich zu beugen hatten. In diese Machtposition gelangte seit der Aufklärung die Wissenschaft. Nun glaubten die Aufgeklärten nur noch das, was man beweisen konnte. *Ich glaube nur, was ich sehe.* Die Wissenschaftsgläubigkeit wurde eine derart mächtige Selbstverständlichkeit, dass man im einundzwanzigsten Jahrhundert zunächst kaum wahrnam, dass es vermehrt auch Leute gibt, welche nun selbst an die Wissenschaft nicht mehr glauben. Die Covid-19-Pandemie war so etwas wie ein Vergrösserungsglas, das sichtbar machte, was man lange Zeit nicht für möglich gehalten hätte. Es gab auf einmal Individuen, die es besser wussten als die Wissenschaft. Einige dieser Individuen hatten mit detektivischer Arbeit sogar herausgefunden, dass es eine

31

Pandemie überhaupt nicht gibt. Die Impfung wurde verweigert. Ich spreche nicht von denjenigen, die sich aus medizinischen Gründen tatsächlich nicht impfen lassen sollten, sondern von Menschen, welche das Vakzin ohne weiteres vertragen würden. Es mag zwar nur eine Minderheit sein, die so denkt, aber es ist eine grosse, starke Minderheit, die mit Treicheln mehrmals lärmend durch die Bundesstadt zog und sogar das Bundeshaus bedrohte. Und dann geschah, was geschehen musste: Am 18. September 2021 erschoss in Deutschland ein Autofahrer den Tankwart, der ihn im Innenraum bei der Kasse aufgefordert hatte, eine Hygienemaske aufzusetzen. In der Schweiz wurde zwar nicht geschossen, aber am Fernsehen verkündete ein Massnahmengegner im Zischtigsclub, er würde sich selbst dann nicht impfen lassen, wenn durch die Impfverweigerung achtzig Prozent der Menschen von Corona angesteckt würden und sterben müssten. Was die Wissenschaft sagt, interessiert diese Leute nicht im Geringsten. Sie wissen es besser, und sie beweisen, dass sie Recht haben, indem sie ein paar seltsame Ärzte zitieren, welche die Wissenschaft genauso ablehnen wie sie.

Durch die Wissenschaftsgegner wird plötzlich vielen klar, dass die Wissenschaft längst nicht mehr von der Allgemeinheit überprüfbare Erfahrungen umsetzt, sondern oft das Gegenteil dessen beweist, was erfahrbar ist. Beim ersten eigentlichen griechischen Wissenschaftler, bei Aristoteles, war es noch eine wissenschaftliche Erfahrung, dass die Sonne sich um die Erde dreht. Dass dem so zu sein scheint, kann schliesslich jedes Kind feststellen. Richtig ist aber genau das Umgekehrte. Diese Erkenntnis gehört heute zum Allgemeinwissen, ebenso die Gravitation. Aber was verstehen du und ich von Einsteins Relativitätstheorie? Oder kann sich ein gewöhnlich Sterblicher einen gekrümmten Raum vorstellen? Und was bedeutet einem Nichtfachmenschen die Messenger-Ribonukleinsäure, die eine menschliche Zelle dazu bringt, ein Protein zu bauen? Für mich ist ein Tisch ein Tisch. Es soll doch niemand kommen und behaupten, dass es Materie streng genommen gar nicht gibt. Ich

32

kann mit der Faust auf den Tisch hauen – und das tut weh. Aber ich besitze ein spannendes Buch über Quantenphysik mit dem provokativen Titel *Es gibt keine Materie* (Hans-Peter Dürr). Ich nehme zur Kenntnis, dass Materie nicht auf Moleküle und Atomkerne aufgebaut ist, sondern aus Beziehung besteht, aus der Bewegung von Protonen, Neutronen und Elektronen, die sich im Atomkern befinden. Mein fester Tisch, der so unbeweglich dasteht, ist also das Ergebnis dauernder Bewegungen. Würden die Bewegungen aufhören, wäre mein Tisch nicht mehr vorhanden. Das kann ich zwar nicht verstehen, aber die Quantenphysik hat es nun einmal bewiesen, und mich fasziniert die Aussage der Quantenphysiker, dass Materie nichts anderes ist als geronnener Geist. Damit sind wir wieder mitten in der Religion. Materie ist geronnener Geist, und Geist ist das, was die Religionen Gott nennen. Es ist nicht die Theologie, sondern die Wissenschaft, die uns wieder zur Religion zurückführt. Religion und Wissenschaft können wunderbare Partner sein.

Die Religionen – alle grossen Weltreligionen – haben einen gleichbleibenden roten Faden, der sich durch ihre Geschichte zieht, doch rings um diesen Faden gibt es Veränderungen. Christen werden sich immer auf Christus ausrichten und nicht aufhören, auf die Bibel zu hören. Aber sie werden die Christusdogmen und die Bibeldogmen immer wieder neu interpretieren. Die Dogmen von Gott, Christus, dem heiligen Geist und der Bibel sind gleichsam die Notenblätter, welche Theologen, christliche Künstler, aber auch gewöhnliche Gemeindeglieder in klingende Musik umsetzen dürfen und sollen.

Nehmen wir als Beispiel die jungfräuliche Geburt Jesu. Nicht viele können mit diesem Notenblatt in seiner Wörtlichkeit etwas anfangen. Aber das, was man im Wirken Jesu sah, hörte und erlebte, war etwas aus einer anderen Welt, etwas Göttliches, das nicht menschlich gezeugt werden kann. Jesu eigentliche Geburt als Sohn Gottes ereignete sich bei der Jordantaufe, als es donnerte. Für die Umstehenden war es ein Gewitter, sie hörten den Donner, aber für Jesus war es die Stimme Gottes: «Du bist mein lieber Sohn.» Jesus ist nicht das einzige Kind Gottes. Alle Menschen sind Gottes Kinder, selbst wenn sie es weder erkennen noch in ihr Leben umsetzen. Doch für diejenigen, die es erleben, ist es die Geburt eines Kindes, das vom heiligen Geist gezeugt ist. So jedenfalls erklärt es Jesus dem Pharisäer Nikodemus in Johannes 3,1-8.

Der Mensch ist nicht einfach das intelligenteste aller Säugetiere, obwohl er das wissenschaftlich gesprochen durchaus ist. Jede Materie, alle Pflanzen und Tiere sind eine Manifestation Gottes, aber der Mensch ist das einzige Lebewesen, das über sich hinausschauen und sich bewusst mit dem grossen Ganzen in Verbindung sehen kann. Die grosse Kraft, die Christen, Juden und Muslime Gott und die Buddhisten das Absolute nennen, ist Bewusstsein, Liebe und Sinn. Wir Menschen können uns bewusst werden, dass wir der Tempel dieser Kraft sind (1. Kor. 3,16). Diese Kraft in uns ist unser wahres Sein. Im Einklang mit unserem eigentlichen Sein zu leben, das wäre wahres Menschsein. Wie wahres Menschsein gelingen kann, wird für Buddhisten sichtbar in Buddha, für Taoisten in Laotse, für Christen in Jesus Christus. Für Christen ist Jesus Christus der Mensch, der in seinem wahren Menschsein Gott ist. *Ich und mein Vater sind eins – ich und das wahre Menschsein und Gottsein sind eins* (Joh. 10,30).

Noch leben wir übrigen Menschen meistens abgespalten von unserem eigentlichen Kern. Unser Ich ist auseinandergerissen in ein Ego und ein Selbst. Wir leben ein verfälschtes Sein, den Egoismus – entsprechend sieht die Welt aus. Buddhisten nennen das Vereinigt-Werden mit sich selber Erleuchtung, Christen nennen es Rettung, was wiederum an die Aussagen von Philosophen und Psychologen erinnert, die sagen, dass nur ein verändertes Bewusstsein des Menschseins das menschliche Geschlecht und damit unseren Planeten retten kann. Gerade heute habe ich in der Zeitung gelesen, dass in Griechenland, in Athen, eine Frau vor Gericht kam, weil sie verbotenerweise Flüchtlinge, die auf Schlauchbooten unterwegs waren, vor dem Ertrinken gerettet hatte. Wir brauchen ein verändertes Bewusstsein davon, was Menschsein ist; wir brauchen Rettung. Den Traum von einem veränderten Bewusstsein kann aber nicht die Wissenschaft auslösen, für diese Veränderung sind die Philosophien und Religionen zuständig, sofern sie sich in diese Richtung entwickeln. Der Theologe Hans Küng hat mit seinem Handbuch *Weltethos* einen wichtigen Beitrag zu diesem Verständnis geleistet.

Auch die Wissenschaft entwickelt sich, genau wie die Religionen, immer weiter. Der deutsche Naturwissenschaftler Max Planck gilt als Vater der Quantenphysik. Über das Verhältnis von Wissenschaft und Religion äusserte er sich 1937 in einem Vortrag wie folgt:

> *Zwischen Religion und Naturwissenschaft finden wir nirgends einen Widerspruch, wohl aber gerade in den entscheidenden Punkten volle Übereinstimmung. Religion und Naturwissenschaft – sie schließen sich nicht aus, wie manche heutzutage glauben oder befürchten, sondern sie ergänzen und bedingen einander. [...] Die beiden Wege divergieren nicht, sondern sie gehen miteinander parallel, und sie treffen sich in der fernen Unendlichkeit an dem nämlichen Ziel. [...] Dann wird sich in immer wachsender Klarheit herausstellen, daß, wenn auch die Methoden verschieden sind, der Sinn der Arbeit und die Richtung des Fortschritts doch vollkommen miteinander übereinstimmen.*

Was ist mit Europa los?

Wenn es zwischen Wissenschaft und Glaube keinen Konflikt gibt, sondern sie sich gegenseitig ergänzen, und wenn weltweit die Kirche am Wachsen ist, dann muss man sich die Frage stellen: Was ist mit Europa los? Ich will versuchen, auf diese Frage mit einem Gleichnis einzugehen, das den Leserinnen und Lesern nicht völlig unbekannt vorkommen wird.

Eine reiche Erbin mit dem schönen Namen Europa zog von Jerusalem hinab nach Jericho. Sie war gekleidet in kostbare Gewänder, an ihrem schlanken Hals glitzerten silberne Ketten, an den Fingern funkelten Ringe, die Ohren waren reich geschmückt und auf dem Kopf trug Europa eine Krone aus purem Gold, durchsetzt mit leuchtenden Edelsteinen. In der Hand trug sie eine Schmucktasche mit zweitausendjährigen orientalischen, griechischen und römischen Erbstücken. Unterwegs fiel die reiche Erbin den beiden Räubern Materialismus und Rationalismus in die Hände. Die Räuber schlugen und quälten sie, zogen sie aus und raubten ihr allen Schmuck samt der Tasche mit dem zweitausendjährigen Erbe. Sie liessen Europa halbtot liegen und machten sich davon.

Von Jerusalem war auch der ehrwürdige Katholikos aufgebrochen. Er zog einen Altarkarren hinter sich her. Der Katholikos mit dem Altar entdeckte die halbtote Person, schaute genauer hin und stellte fest, dass es eine Frau war. «Nein», sagte er entschieden, «eine Frau kommt mir nicht auf den Altar! Nein, auf gar keinen Fall!» Und der Katholikos zog weiter.

Tausendfünfhundert Sekunden später erschien der Protestantus, auch er von Jerusalem her. Der Protestantus blieb stehen. Was er sah, empörte ihn. Er protestierte so heftig, dass es aus den Felsen mehrfach zurückhallte. Der Protestantus versprach der Bewusstlosen, er werde zuhause weiter schimpfen und weiter protestieren, und zog weiter.

36

Auch ein mystischer Samaritaner war unterwegs. Als er Europa ausgeraubt und nackt daliegen sah, hatte er Erbarmen. Er trat hinzu. Er entdeckte, dass noch Leben in ihr war. Er verband ihre Wunden, indem er Öl und Wein darauf goss. Er bedeckte ihre Blösse, hob sie auf sein Tier, brachte sie in eine Herberge und pflegte sie. Am folgenden Tag nahm er zwei Denare heraus, gab sie dem Wirt und sagte: «Pflege sie! Und was du mehr aufwenden wirst, will ich dir bezahlen, wenn ich wiederkomme.»

Zufälligerweise tauchte nach dem Verschwinden des mystischen Samaritaners der Theologe Karl Rahner in der Herberge auf. Er unterhielt sich mit der Genesenden und sprach dabei sein berühmtes Wort: «Der Christ von morgen wird ein mystischer Christ sein oder er wird nicht mehr sein.» Europa nickte dankbar und flüsterte: «Der mystische Samaritaner wird bestimmt zurückkommen.»

Die Kirche der Zukunft wird eine mystische Kirche sein

Die Kirche als staatliche Institution, genannt Landeskirche, zu der die Mehrheit des Volkes gehört, steht vor dem Aus. Doch das, was einmal die Landeskirche war, wird neben anderen kirchlichen Formen eine Fortsetzung finden, und es wird eine mystische Kirche sein.

Der im Gleichnis zitierte Karl Rahner war einer der einflussreichsten Theologen beim zweiten vatikanischen Konzil. Das genaue Zitat lautet: «Der Christ von morgen wird ein Mystiker sein, einer, der etwas erfahren hat, oder er wird nicht mehr sein.» Mystik ist das Einssein mit dem Urgrund des Seins – oder in der Sprache der Christen, Juden und Muslime: das Einssein mit Gott. In der Dogmatik sind die Religionen weit voneinander entfernt, ihre Notenblätter sind sehr unterschiedlich, doch wenn sie die Noten in Musik und Tanz umsetzen, können sie einander verstehen.

Ich habe nie unter Muslimen, Buddhisten oder Hindus für den christlichen Glauben missioniert, aber ich habe meinen Glauben auch nie versteckt. Unter den Gottesdiensten, die ich in Bern auf Englisch geleitet habe, gab es mehrere, in denen die muslimischen Teilnehmer zahlreicher waren als die christlichen. Einige von ihnen durfte ich taufen, einmal auch einen Buddhisten. Mit vielen muslimischen Asylsuchenden habe ich ergreifende Gespräche geführt. Einer, der gut Deutsch sprach und sogar in meine deutschen Gemeindegottesdienste kam, fiel auf durch zwei Bücher, die er in jedem Gottesdienst bei sich trug, eine Bibel und einen Koran. «Ich bin eben beides und will auch beides bleiben», erklärte er meiner Berner Gemeinde treuherzig, «Christus ist mein Herzensfreund und Mohammed mein Prophet.» Mit seinen zwei Büchern kam er auch zum Abendmahl.

Auch im Frauenspital, wo ich Krankenhausseelsorger war, hatte ich unvergessliche Begegnungen. Die Ärztinnen und Ärzte pflegten mich selbst mitten in der Nacht anzurufen, wenn bei Tamilen ein

38

Kind als Totgeburt auf die Welt kam. Für die Tamilen war es einfach wichtig, dass ein geistlicher Mann zu ihnen kam. Mit einigen konnte ich kaum sprechen, weil ihr Englisch ungenügend war. Aber für sie war es wichtig, dass ich sie mit Segensgebärden, sanft singend, ohne richtige Worte, einfach Silben aus mir ausströmen lassend, in die Arme nahm. Einige behaupteten sogar, ich hätte bei solchem Silbensingen in tamilischer Sprache gesungen. Ob ich tatsächlich tamilische Worte gesungen habe, weiss ich nicht. Sollte das der Fall gewesen sein, wäre das ein heutiges Pfingstwunder gewesen. Aber auf jeden Fall war es Mystik und es bewegte auch die Schweizer Ärztinnen und Ärzte. Deshalb riefen sie mich immer wieder an. Wenn ich tagsüber in einem Krankenzimmer mit einer Patientin betete und der Professor hereinkam, zog er sich sofort zurück. «Ihr Dienst, Herr Pfarrer, ist genauso wichtig wie meiner», pflegte er zu sagen.

Was ist Mystik?

Mystik ist eine Erfahrung. Der Begriff Mystik stammt aus dem Griechischen und bedeutet so viel wie: die Augen verschliessen, um eine innere Reise anzutreten, eine Reise sowohl ins eigene Innere als auch ins Innere des grossen Ganzen, das die Welt zusammenhält. Die mystische Erfahrung ist ein Sehen und Hören dessen, was man mit der blossen Ratio weder sehen noch hören kann.

Mystik ist vor allem die Erfahrungswelt der Religionen, im Buddhismus ist es die Zenmeditation, im Judentum die Kabbala, im Islam der Sufismus. Jede Religion hat ihre Lehren und Dogmen. Die Leserinnen und Leser werden sich erinnern, dass ich die Dogmen als Notenblätter bezeichnet habe. Die religiöse Erfahrung – oder eben Mystik – ist das Umsetzen der starren Noten in schwebende Klänge, in wunderbare Musik und Gesang. Die Wissenschaft, die voll und ganz auf Ratio beruht, zeigt uns einen grossen weiten Bereich der Wirklichkeit, ist aber im Blick auf die Unendlichkeit der Wirklichkeit bloss ein kleines Fenster. Die religiöse Erfahrung weitet den begrenzten Ausblick in das für Verstand und Wissenschaft Unfassbare, ohne es aber selber verstehen oder erklären zu wollen. Je tiefer Mystiker in diese Musik eintauchen, desto stärker wird ihr Eindruck, dass sie immer weniger wissen. Sie haben volles Verständnis für den berühmten Satz von Sokrates, der sagte: «Ich weiss, dass ich nichts weiss.» Der grosse Mystiker Meister Eckhart (1260-1328) sagte: «Der Gott, den ich begreifen kann, ist nicht Gott.» Dogmen sind Bilder, die uns erahnen lassen, wer Gott ist und wie er ist, sie sind jedoch keine letztgültigen Aussagen darüber, wie er/sie wirklich ist. Wir Menschen haben nun einmal unsere Erkenntnisgrenzen.

Pfingstler beten in Zungen, in Worten, die sie nicht verstehen; sie machen eine Pfingsterfahrung. Das Beten in Zungen (Glossolalie) ist ein Gebet, das – die Kontrollfunktion des Verstandes umgehend – das Herz des Beters mit dem Herzen des Ursprungs des Seins verbindet. Der Verstand eines heterosexuellen Mannes würde sich weigern, Liebeslieder auf den Mann Jesus zu singen. Im Zungengebet jedoch kann das Herz nicht nur bei Frauen, sondern auch bei Männern die Verliebtheit zu Christus ausschütten, ohne vom Verstand gehindert zu werden. Bei Lebens- und Glaubensenttäuschungen kann die Glossolalie aber auch wie bei Hiob und dem Propheten Jeremia eine Wut auf Gott ausspucken, was ein christlich geprägter Verstand nie erlauben würde. Die Leserinnen und Leser ahnen, dass mein Silbensingen eine Form der Glossolalie ist.

Die Buddhisten beten nicht in Zungen, aber mit ihren Koanübungen kennen auch sie ein Eintauchen in eine Wirklichkeit, die sich nur demjenigen öffnet, der die Kontrollfunktion des Verstandes umgeht. Ein Koan ist ein Paradoxon in Form einer Anekdote oder eines Satzes. Hier einige Bespiele:

> *Tanzan und Ekido fuhren einmal zusammen eine*
> *schlammige Strasse entlang. Starker Regen fiel. Als sie*
> *um eine Kurve kamen, trafen sie an einer Kreuzung ein*
> *hübsches Mädchen in einem Seidenkimono und einer*
> *Schärpe, das die Strasse nicht überqueren konnte.*
> *«Komm schon, Mädchen», sagte Tanzan sofort. Er hob*
> *sie in seine Arme und trug sie über den Schlamm. Ekido*
> *sprach erst in der Nacht, als sie einen Unterkunftstempel*
> *erreichten. Dann konnte er sich nicht länger*
> *zurückhalten. «Wir Mönche gehen nicht in die Nähe*
> *von Frauen», sagte er zu Tanzan, «besonders nicht zu*
> *jungen und liebenswerten. Es ist gefährlich. Warum hast*
> *du das getan?» – «Ich habe das Mädchen dort gelassen»,*
> *sagte Tanzan. «Trägst du sie noch?»*

Ein berühmter Koansatz lautet: *«Jeder weiss, wie es tönt, wenn zwei Hände klatschen. Wie ist der Ton beim Klatschen mit einer Hand?»*

Oder eine Koanbegegnung: *Der Meditationsschüler fragt den in Meditation sitzenden Meister: «Haben Hunde eine Buddhanatur?», und dieser antwortet: «Muh.»*

Beliebt ist bei Buddhisten das Koangedicht, das der Nonne Chiyono geschenkt wurde, als sie nachts im Wasser ihres Eimers den Mond sich spiegeln sah. In ihrem Gedicht sagt sie:

Auf diesem oder anderem Weg versuche ich den Eimer zusammenzuhalten

in der Hoffnung, der schwache Bambus werde niemals brechen.

Plötzlich fiel der Boden heraus. Kein Wasser mehr, kein Mond mehr im Wasser.

Leere in meiner Hand.

Oder hier noch ein Koan, das vermutlich von einem Christen stammt: *Das Auge, mit dem ich Gott erblicke, ist genau das gleiche Auge, mit dem Gott mich anblickt.*

Die Ratio ist eine grosse Gabe Gottes. Doch wenn eine gute Gabe etwas verdrängt, das ebenso gut ist, wird die übermächtig gewordene gute Gabe zu einem Hindernis. Die Ratio ist nicht in der Lage, den Frieden zu erfahren, *der höher ist als alle Vernunft* (Phil. 4,7). Das Koan und die Glossolalie weisen die Ratio in die Schranken. Wenn das Denken die Meditation nicht mehr stört, kann nach Tagen, Monaten oder Jahren eine Erfahrung entstehen, welche alles Denken übersteigt. Auch Menschen, bei denen die Ratio gestört ist, können immer noch tiefe spirituelle Erfahrungen machen. Als ich einen dement gewordenen Pfarrer und Künstler besuchte, fragte er mich: «Marcel, hörst du auch die Sterne singen?» Ich dachte an mein Silbensingen, das in den letzten Jahren zu einem Obertonsingen (auch polyphones Singen genannt) geworden ist, und so sagte ich: «Ja, Paul, ich höre die Sterne singen», und begann polyphon zu singen. Bewegt von der Vorstellung, dass einer seiner Freunde genau wie er die Sterne

42

singen hörte und in ihren Gesang einstimmte, stiess mein dementer Kollege einen Freudenschrei aus.

Da ich nicht voraussetzen kann, dass alle wissen, was polyphones Singen ist, will ich es kurz erklären. Unsere Stimme erhält ihre Klangschönheit dadurch, dass sie aus mehreren Tönen besteht, die in einer Einheit erklingen. So wie das Licht der Sonne durch den Regen in verschiedene Farben gebrochen wird und ein wunderbarer Regenbogen entsteht, so kann durch die Stellung der Zunge die polyphone Stimme in einen Grundton und eine Stimme über dem Grundton gebrochen werden. Der Grundton bleibt unverändert, die Stimme über dem Grundton dagegen entschwebt dem Mund in einer Melodie. Als ich in einem Konzert zum ersten Mal polyphonen Gesang hörte, kam das bei mir wie ein Gebet an, und ich übte mit Hilfe von Youtube so lange, bis ich auch so beten konnte. Mit meinem Obertonbeten bin ich ein Exot und darf das auch bleiben. Niemand muss so beten, jeder darf seinen eigenen Weg finden, aber bei mir lässt das polyphone Singen die Seele schweben und mit dem ganzen Kosmos um Gott tanzen. Das polyphone Singen ist mein Gebet jeden Morgen beim Aufstehen. Es erinnert mich an das pfingstliche Glossolaliebeten und -singen, das bei mir durch das polyphone Singgebet etwas in den Hintergrund getreten ist.

Der Apostel Paulus ist ein rational argumentierender Apostel, dessen Theologie von mystischen Erfahrungen geprägt war. Wir wissen, dass auch er in Zungen betete (1. Kor. 14,18). Ein besonderes mystisches Erlebnis schildert er im zweiten Korintherbrief: *Ich weiss von einem Menschen in Christus* (er spricht von sich selber), *dass vor vierzehn Jahren – ob im Leibe, weiss ich nicht; ob ausser dem Leibe, weiss ich nicht; Gott weiss es, dass er in das Paradies entrückt wurde und unaussprechliche Worte hörte, die ein Mensch nicht sagen kann* (2. Kor. 12,2ff.).

Bei Jesus ist die sogenannte Verklärung eine mystische Erfahrung. *Nach sechs Tagen nimmt Jesus den Petrus und den Jakobus und den Johannes mit sich und führt sie abseits allein auf einen hohen Berg.*

Und er wurde vor ihnen verwandelt, und seine Kleider wurden ganz weissglänzend, wie sie kein Walker auf Erden weiss machen kann. Und es erschienen ihnen Elia mit Mose, und sie redeten mit Jesus. Und Petrus begann und sagte zu Jesus: Rabbi, es ist gut, dass wir hier sind; und wir wollen drei Hütten machen, dir eine und Mose eine und Elia eine (Mk. 9,2ff.; Mt. 17,1-13; Lk. 9,28-36). Falsche Mystik würde voller Begeisterung auf dem Berg bleiben und Hütten bauen, aber Jesus heisst die Jünger herabsteigen und sich an die Arbeit machen.

Zu den mystischen Erfahrungen gehören auch Nah- und Nachtoderfahrungen, von denen man heute oft hört. Nachtoderfahrungen sind Begegnungen, welche medial begabte Frauen oder Männer mit Verstorbenen haben, Frauen häufiger als Männer. Ein berühmter medial begabter Mann war der Naturwissenschaftler, Philosoph und Theologe Emanuel Swedenborg (geboren 1688 in Stockholm). Bei Nachtoderfahrungen sind heutige Menschen äusserst skeptisch. Was es ihrer Meinung nach nicht geben darf, gibt es eben nicht. Unbestritten sind dagegen Nahtoderfahrungen. Das sind Erfahrungen auf der Nahtstelle zwischen Tod und Leben. Menschen sehen sich wie von oben auf dem Operationstisch liegen, sie können beobachten, wie die Ärzte sie wiederbeleben, und sie sehen ein Licht, in das sie hineingehen wollen, und hören manchmal sogar eine Stimme, die sagt, dass für sie die Zeit noch nicht gekommen ist. Bei Menschen, deren Leben im Glauben wurzelt, können ähnliche Erfahrungen auch beim Fasten und Beten auftreten. Bekannt ist Jesu vierzigtägiges Fasten in der Wüste. Auch die spanische Mystikerin Theresa von Avila (1515-1582) hatte mystische Erfahrungen, wenn sie fastete. Mystiker sind keine weltabgewandten Menschen. Theresa von Avila war eine energische Kirchenreformerin. Weder sie noch der Mystiker Jesus verachteten Gaumenfreuden. Von seinen Feinden wurde Jesus gar als Säufer und Fresser verschrien (Mt. 11,19), und von Theresa von Avila ist das Wort bekannt: «Wenn fasten, dann fasten, wenn Fasan, dann Fasan.»

44

Ein Gebet, das zeigt, dass die mystische Erfahrung die Erfahrung des Einsseins mit allem bedeutet, ist das Gebet von Franz von Assisi (1181-1230). Es ist kein Zufall, dass Franz von Assisi als Heiliger der Klima- und Umweltaktivisten gilt.

Höchster, allmächtiger, guter Herr,

dein sind das Lob, die Herrlichkeit und Ehre und jeglicher Segen.

Dir allein, Höchster, gebühren sie,

und kein Mensch ist würdig, dich zu nennen.

Gelobt seist du, mein Herr,

mit allen deinen Geschöpfen,

zumal dem Herrn Bruder Sonne,

welcher der Tag ist und durch den du uns leuchtest.

Und schön ist er und strahlend mit großem Glanz:

von dir, Höchster, ein Sinnbild.

Gelobt seist du, mein Herr,

durch Schwester Mond und die Sterne;

am Himmel hast du sie gebildet,

klar und kostbar und schön.

Gelobt seist du, mein Herr,

durch Bruder Wind und durch Luft und Wolken

und heiteres und jegliches Wetter,

durch das du deinen Geschöpfen Unterhalt gibst.

Gelobt seist du, mein Herr,

durch Schwester Wasser,

gar nützlich ist es und demütig und kostbar und keusch.

Gelobt seist du, mein Herr,

durch Bruder Feuer,

durch das du die Nacht erleuchtest;

und schön ist es und fröhlich und kraftvoll und stark.

Gelobt seist du, mein Herr,

durch unsere Schwester, Mutter Erde,

die uns erhält und lenkt

und vielfältige Früchte hervorbringt

und bunte Blumen und Kräuter.

Gelobt seist du, mein Herr,

durch jene, die verzeihen um deiner Liebe willen

und Krankheit ertragen und Drangsal.

Selig jene, die solches ertragen in Frieden,

denn von dir, Höchster, werden sie gekrönt.

Gelobt seist du, mein Herr,

durch unsere Schwester, den leiblichen Tod;

ihm kann kein Mensch lebend entrinnen.

Wehe jenen, die in tödlicher Sünde sterben.

Selig jene, die er findet in deinem heiligsten Willen,

denn der zweite Tod wird ihnen kein Leid antun.

Lobt und preist meinen Herrn

und dankt ihm und dient ihm mit großer Demut.

Dschalal ad-Din Muhammad Rumi

Im Islam heisst die Mystik Sufismus. Die mystische Erfahrung im Sufismus ist das ruhevolle Schweben in heiligem Tanz. Man ist als Christ zutiefst bewegt, wenn die tanzenden Derwische sich um das Zentrum Gott so drehen, dass sie mit ihren Röcken, die sich durch die Bewegung heben, wie grosse schwebende Teller aussehen. Der persische Dichter und Gelehrte Dschalal ad-Din Muhammad Rumi, kurz Rumi genannt (gestorben 1273 im türkischen Konya), ist der Begründer des Sufismus. In Konya hatte er ein Seelsorgezentrum eingerichtet, in welchem er mit Vorliebe christliche Seelsorger wirken liess. Ich möchte den Leserinnen und Lesern einige Worte und Gebete von Rumi ans Herz legen. In einer Predigt sagte er:

> *Ich versuchte, Gott zu finden am Kreuz der Christen,*
> *aber er war nicht dort. Ich ging zu den Tempeln der*
> *Hindus und zu den alten Pagoden, aber ich konnte*
> *nirgendwo eine Spur von ihm finden. Ich suchte ihn in*
> *den Bergen und Tälern, aber weder in der Höhe noch in*
> *der Tiefe sah ich mich imstande, ihn zu finden. Ich ging*
> *zur Kaaba in Mekka, aber dort war er auch nicht. Ich*
> *befragte die Gelehrten und Philosophen, aber er war*
> *jenseits ihres Verstehens. Ich prüfte mein Herz, und dort*
> *verweilte er, als ich ihn sah. Er ist nirgendwo anders zu*
> *finden.*

Eines von Rumis Gebeten erinnert an ein Gebet von Bruder Klaus:

> *O mein Geliebter*
>
> *Nimm mir weg, was ich will*
>
> *Nimm von mir weg, was ich tue*
>
> *Entferne alles von mir*
>
> *was mich trennt von Dir*

Ein Satz von Rumi drückt ganz besonders aus, was Mystik ist:

47

Du fragst nach einer Rose –
lauf vor den Dornen nicht davon.
Du fragst nach dem geliebten Gott –
lauf vor dir selber nicht davon.

Christliche Mystik im zwanzigsten Jahrhundert

Simone Weil, Philosophin, Theologin und Dozentin, ist eine berühmte Mystikerin des zwanzigsten Jahrhunderts. Simone Weil war das Kind französischer jüdischer Eltern. Sie war ursprünglich Atheistin; als Sozialrevolutionärin und Streikführerin wurde sie die rote Jungfrau genannt. Sie wirkte aktiv im spanischen Bürgerkrieg mit und wurde verletzt. Im Dom von Mailand wurde die Atheistin vor dem Fresko mit dem Abendmahl von Leonardo da Vinci von einer mystischen Gottesbegegnung überrascht, was ihren Atheismus beendete. Nach dieser Gotteserfahrung in Mailand hatte sie mehrmals Visionen, in denen ihr Christus erschien. Sie fühlte sich stark mit der katholischen Kirche verbunden, blieb aber in kritischer Distanz und trat nie in eine Kirche ein. In der Nazizeit floh sie nach England. Sie unterstützte die französische Exilregierung und wurde Charles de Gaulles Beraterin. Ihre Lungentuberkulose konnte wegen des Kriegs nicht in einem Sanatorium in den Bergen geheilt werden. Simone Weil starb im Alter von nur vierunddreissig Jahren in Ashford. Kurz vor ihrem Tod liess sie sich taufen, doch nicht durch einen Priester, sondern als Zeichen für ihren Nicht-Eintritt in eine Kirche durch eine Freundin. Zu einer katholischen Trauerfeier hatte sie dann zwar ihr Einverständnis gegeben, doch wurde diese ebenfalls von Freunden gestaltet, da der Priester wegen eines deutschen Bombenangriffs nicht nach Ashford reisen konnte. Simone Weil verfasste selber keine Bücher, doch ihr spirituell-theologisch-philosophisches Erbe ist gewaltig. Freunde, welche ihre Vorträge mitgeschrieben und ihre Briefe an Priester, Pfarrer und Ordensleute gesammelt hatten, veröffentlichten mehrere Bücher unter ihrem Namen. Durch ihre Christusvisionen hatte sie den Gott der Liebe kennengelernt. Sie lehnte alle Stellen in der Bibel als Götzendienst ab, in denen Gott den Israeliten beim Einzug ins verheissene Land befahl, die ansässige Bevölkerung, die sich ihnen nicht unterwarf, auszurotten. Sie wagte es sogar, die Auserwähltheit des jüdischen Volkes anzuzweifeln. Die behauptete Auserwähltheit der katholischen Kirche war denn auch der Hauptgrund für ihren Nicht-Eintritt in die römisch-katholische Kirche, die sie doch so liebte. Sie wurde nicht müde, das Wort Jesu zu zitieren, wonach Gott seine Sonne über Gute und Böse aufgehen lässt. Ihre Devise war, dass Gott alle – in Israel und ausserhalb Israels, in der Kirche und ausserhalb der Kirche – gleichermassen mit Gnade überflute. Sie lernte sogar Sanskrit, um die heiligen Schriften der Hindus im Urtext lesen zu können.

Für Mystiker sind der Gesang und die Musik der Erfahrung wichtiger als die dogmatischen Notenblätter. Auf der Ebene der Dogmen und festgelegten Bekenntnisse anerkennen sie die Unterschiede zwischen Religionen und Konfessionen und akzeptieren sie. Doch sie übersteigen in der mystischen Erfahrung die trennenden Mauern. Sie bejahen die menschliche Ratio und die Wissenschaften, aber übersteigen auch diese. Mystische Christen finden sich, wie das Beispiel von Simone Weil zeigt, innerhalb und eben auch ausserhalb der etablierten Kirchen. Sie und viele andere zu keiner Kirche gehörenden Christen sind ein Zeichen, dass die Sache Gottes auch mit dem sich abzeichnenden Ende des Systems Landeskirche weiterhin wächst.

Mystik für Menschen wie du und ich

Wir sind keine Simone Weil, keine Theresa von Avila, kein Meister Eckhart und kein Franz von Assisi. Wir sind, was wir sind: Durchschnitt. Falsch! Keiner ist Durchschnitt, wenn er sich selber ist. Jeder Mensch ist einmalig. Wir sind nur dann Durchschnitt, wenn wir sein wollen wie andere, eine Frau mit einer Brust wie ..., einer Nase wie ... Frauen, die aussehen wie Barbiepuppen, sind in der Tat Durchschnitt. Dasselbe trifft auf Männer zu, wenn sie ein Auto haben wollen wie ... oder sogar ein noch besseres, wenn sie Geld verdienen wollen wie ... Wenn Mann oder Frau sein wollen wie ..., dann sind wir in der Tat Durchschnitt. Wir wären selbst dann Durchschnitt, wenn wir wären wie Simone Weil oder Bruder Klaus. Wir sollen weder Theresa von Avila noch Meister Eckhart sein, wir sollen so sein, wie wir zutiefst in unserer Seele sind. Sind wir das?

Es gibt in uns ein Ich, das *Selbst* genannt wird, und ein Ich, das *Ego* heisst. «Zwei Seelen wohnen, ach, in meiner Brust», klagt Goethes Doktor Faust. Das Ego und das Selbst wohnen auch im Nazarener Jesus, wie wir bei der Versuchung in der Wüste sehen. Das Selbst ist das Göttliche in uns. Wo das Selbst voll und ganz da ist, da leuchtet unsere Gottebenbildlichkeit auf, da ist der Christus in uns am Werk. Christus ist griechisch und heisst *der Gesalbte*, der zum göttlichen König Gesalbte (hebräisch Maschiach/Messias). Der Sohn Gottes heisst bei uns Christen Jesus Christus. Das hat sich so eingebürgert, ist aber im Grunde genommen nicht korrekt; richtigerweise müsste es heissen *Jesus, der Christus*, der Mensch Jesus, der für uns der Messias oder eben der Christus ist. Als Christus war er immer in Gott, als Mensch Jesus ist er geboren worden. In der Taufe im Jordan hat er sich als Christus erkannt, mit dem Heiligen Geist vereint, der schon immer in ihm war, den er aber im Jordan wie eine Taube auf sich herabkommen sah.

Ich entschuldige mich für diese komplizierten theologischen Sätze; sie sind Dogmatik, Notenblätter eben. Auch für mich als Theologe

51

ist die Musik schöner als die Notenblätter, aber ich liebe das Notenblatt Dreieinigkeit. Sowohl die Bezeichnung Sohn Gottes als auch die Bezeichnung Christus drückt das Einssein Jesu mit Gott aus. Gott Vater, Gott Sohn, Gott Heiliger Geist. Doch jetzt gut aufgepasst: Auch wir – nicht nur Jesus – sind Söhne und Töchter Gottes! Das wird ausgedrückt auf den ersten Seiten der Bibel durch die Gottebenbildlichkeit: Gott hauchte dem aus Erde geformten Wesen seinen Geist ein und es wurde *eine lebendige Seele* (Gen. 2,7).

Friedrich der Grosse (1712-1786) soll einmal gebetet haben: *Gott, wenn es dich gibt, so rette meine Seele, wenn ich eine habe.* Gott und Seele, das ist eins. Wer das eine leugnet, leugnet auch das andere. Die Seele ist das Unsterbliche in uns, das Ewige, das Göttliche. Wer nicht an Gott glaubt, glaubt auch nicht an die Seele und umgekehrt. Dieses *Göttliche in uns*, das, was *Gott in uns* ist, das ist unser eigentliches Wesen, meist Seele oder Selbst genannt. Die Seele, das Selbst, gab es, bevor es als Friedrich der Grosse, Heinrich Müller, Anita Huber oder Marcel Dietler geboren wurde.

Wir haben in uns ein *Selbst*, das Gott ist, aber wir haben in uns auch ein *Ego*, das sich verselbstständigt hat und sich aufführt, als ob es Gott wäre. Ein Ego, das sich aufführt, als ob es Gott wäre, wird zum Teufel. Wir Menschen können sein wie Gott oder wie der Teufel. Wir haben ein Ego, das uns in Versuchung bringt, uns als Gott aufzuspielen, und wir haben ein göttliches Selbst, dessen Sehnsucht es ist, wahrer Mensch zu werden. *Mach's wie Gott, werde Mensch,* heisst es bescheiden im *Lesebuch zum Glauben* von Franz Kamphaus, dem ehemaligen Bischof von Limburg. Augustinus formuliert es kühn in der ergänzenden Umkehrung: *Gott wurde Mensch, damit wir Gott werden – Deus factus est homo, ut homo fieret Deus.* Diese Umkehrung hat die Kirche aus begreiflichen Gründen jahrhundertelang ignoriert. Schliesslich war es der Lockruf der Schlange, die im Paradiesmythos die verführerischen Worte gesprochen hatte: *Wenn ihr von der verbotenen Frucht esst, werdet ihr sein wie Gott* (Gen. 3,5). Im Mythos liessen Adam und Eva sich

52

verführen und prompt erfolgte die Abspaltung, das Ego löste sich aus dem paradiesischen Selbst, und kurz darauf ereignete sich der erste Mord: der Mord von Kain an Abel. Wenn das Ego sich als Gott aufspielt, stürzt die Menschheit in den Brudermord. Dass es in uns Menschen jedoch eine Ahnung gibt von unserem göttlichen Urgrund und eine Ahnung von einem göttlichen Ziel, drückte ausgerechnet Friedrich Nietzsche aus, als er voller Sehnsucht schrieb: *Wenn es einen Gott gibt, wie kann ich es ertragen, nicht Gott zu sein!* Und im *Antichrist* sagt er: *Das Reich Gottes ist nichts, das man erwartet. Es hat kein Gestern und kein Übermorgen, es kommt nicht in tausend Jahren – es ist eine Erfahrung des Herzens.* Nietzsches verbissene Kritik an der Kirche und sein philosophisches Kämpfen und Ringen ist eine tiefe Sehnsucht nach Mystik, zu der er aber nie gefunden hat.

Ich schreibe dieses Buch in der Zeit der weltweiten Covid-19-Pandemie, welche die Welt noch etwas verwirrender erscheinen lässt, als sie es ohnehin schon ist. Im Zischtigsclub, einer Sendung des Schweizer Fernsehens, fand am 3. August 2021 ein Gespräch zwischen Impfexperten und Impfgegnern sowie Gegnern der Schutzmassnahmen statt. Mehrmals fiel vonseiten der Gegner der Satz: «Wenn ich nicht mehr selber bestimmen darf, ob ich eine Maske tragen will oder nicht, sondern von den Behörden gezwungen werde, ist die Demokratie in Gefahr.» In der Pandemie wissen nicht wenige Menschen offenbar erst recht nicht mehr, wer sie sind. Sie sind losgelöst selbst von der menschlichen Gesellschaft, ihr von Gott und Gemeinschaft abgespaltenes Ego steht als alleiniger Gott da. Natürlich sind nicht alle Menschen so, doch etwas von dieser Abspaltung steckt in uns allen.

Ich kenne einen einzigen Menschen in der ganzen Menschheitsgeschichte, bei dem nicht die leiseste Trennung von seinem göttlichen Ursprung zu verspüren war: Jesus Christus. Darum sagen wir Christen von ihm zu Recht: wahrer Mensch und wahrer Gott. Er ist es, der bis auf den heutigen Tag diese Trennung überwinden will.

Bei der Taufe im Jordan hörte Jesus die Stimme, welche ihm zusagte: *Du bist mein geliebter Sohn, an dir habe ich Wohlgefallen.* Ohne die Taufe Jesu gäbe es keine christliche Taufe. Die christliche Taufe bekundet, dass auch für uns die Zusage gilt: *Du bist mein geliebter Sohn, meine geliebte Tochter, an dir habe ich Wohlgefallen.* Die Bibel nennt uns klar und deutlich Kinder Gottes.

> *Denn alle, die vom Geiste Gottes getrieben werden, sind Kinder Gottes.* (Röm. 4,12)

> *Der heilige Geist bezeugt samt unserem Geist, dass wir Kinder Gottes sind.* (Röm. 4,16)

> *Sie werden Kinder des lebendigen Gottes genannt werden.* (Röm. 9,26)

Kinder werden bekanntlich einmal erwachsen. Und was werden Kinder Gottes nach der Bibel sein, wenn sie erwachsen und somit vollendet sein werden?

> *Geliebte, jetzt sind wir Kinder Gottes, und noch ist nicht offenbar geworden, was wir sein werden. Wir wissen aber, dass wir, wenn es offenbar geworden ist, ihm gleich sein werden; denn wir werden ihn sehen, wie er ist.* (1. Joh. 3,3)

Wenn wir *Gott in uns* sind, dann bilden wir als christliche Gemeinschaft den Leib Christi. Das sagt Paulus (Röm. 12,4-6; 1. Kor. 12,12ff.). Im Abendmahl sage ich deshalb jeweils: «Werdet, was ihr empfangt: Leib Christi für die Welt.»

Die Gemeinschaft der Christen wird in der Theologie der *mystische Leib Christi* genannt. Nach alter katholischer Dogmatik, von heutigen Päpsten für gültig erklärt, ist nur die katholische Kirche der mystische Leib Christi. Das ist der Grund, warum Simone Weil nicht in die katholische Kirche eintrat. Nach dieser ausschliessenden Dogmatik, die von heutigen katholischen Theologen kritisiert wird, sind wir Evangelischen keine Kirche, sondern bloss eine Organisation oder eine Versammlung einzelner

Christen. Das ist zwar eine Herabsetzung, aber wir sind auch nach katholischer Dogmatik Brüder und Schwestern in Christo. Als Bruder in Christo habe ich als reformierter Pfarrer katholische Trauerfeiern abgehalten, z.b. wenn der zuständige katholische Kollege mich darum bat, und ausdrücklich mit bischöflicher Genehmigung habe ich gemischtkonfessionelle Paare in der katholischen Kirche vor Gott und der Gemeinde zusammengeführt.

Mit dem *mystischen Leib Christi* sind wir sowohl beim Thema Mystik als auch beim Titel des Buches angelangt: *Hat die Kirche noch eine Zukunft?* Als mystischen Leib wird es die Kirche immer geben, allerdings wird die Form sich ändern. Wir werden darauf zurückkommen, doch im Augenblick geht es um die Mystik.

Mystik ist Erfahrung. Wie mache ich eine Erfahrung mit dem Urgrund des Seins, der für Christen ein liebender Vater/eine liebende Mutter und in Christus erkennbar geworden ist? Wie finde ich Gott in mir? Wie kann Gott durch mich erlebbare, gefühlte, liebende, herausfordernde und verwandelnde Präsenz werden? Wie werde ich mit dieser Präsenz eins? Oder noch einmal anders gefragt: Wie werde ich eins mit Christus, der seinerseits eins ist mit dem Vater? Der Dominikaner Richard Rohr beschreibt die Dreieinigkeit als einen Liebestanz des Vaters mit dem Sohn und dem Heiligen Geist. Wenn wir Gott als ewigen und göttlichen Tanz des Vaters mit dem Sohn und dem Heiligen Geist verstehen, dann lautet die Frage: Wie kommen wir in diesen Tanz hinein und tanzen mit?

Ich kann nur für mich, Marcel Dietler, selber sprechen, aber ich kann, darf und will andere mit meiner Erfahrung inspirieren. Die Dreieinigkeit ist das Notenblatt, an das ich mich halte. Es ist der Dreieinigkeitstanz, den ich tanze, die Musik, die ich spiele, das Lied, das ich mit den Sternen singe. Ich weiss mich und erlebe mich als eins mit dem kosmischen Christus. Meinen polyphonen Morgengesang eröffne ich mit den Worten: *Es gibt für uns nur einen Gott, den Vater, von dem alles ist und wir auf ihn hin, und*

55

einen Herrn, Jesus Christus, durch den alles ist und wir durch ihn (1. Kor. 8,6). *Hoffnung lässt uns nicht zuschanden werden; denn die Liebe Gottes ist ausgegossen in unsere Herzen durch die heilige Geistkraft, die uns gegeben ist* (Röm. 5,5). Nach diesen gesprochenen Worten lasse ich meine polyphonen Töne erklingen und schwebe innerlich durch den ganzen von dem dreieinigen Gott geschaffenen Kosmos.

Vielleicht schwebe ich beim polyphonen Singen auch darum durch den Kosmos, weil ich den Kosmos in einer mystischen Erfahrung sozusagen erlebt habe. Meine Strassenkinder leben in der Andenstadt Cusco auf 3600 Meter über Meer. Es kommt oft vor, dass Leute, die nicht an solche Höhen gewöhnt sind, aus Sauerstoffmangel ohnmächtig werden. Mir passierte es anlässlich meines letzten Besuchs beim Herumtollen mit den Kindern. Atmungsmässig hatte ich mich bei allem Spielen und Rennen eigentlich ganz wohl gefühlt. Aber plötzlich hörte ich einen dumpfen Knall und im selben Augenblick wurde ich im Geist in den finsteren Kosmos hinausgeschleudert. Ich sah unseren wunderbaren blauen Planeten, den Mond und die leuchtenden Sterne. Diese senkten sich liebevoll auf mich herab. Ich hörte die mir vertrauten polyphonen Klänge, das Singen der Sterne. Je näher sie mir kamen, desto mehr verwandelten sich die Sterne in Engel. Als auch die Engel immer näher kamen, nahmen sie die Gesichter meiner Strassenkinder an, und dann hörte ich meine kleinen Freunde erleichtert rufen: «*El sigue vivo* – er lebt noch.» Einer der Buben hatten den zu Boden sinkenden Papito Marcel gerade noch rechtzeitig aufgefangen, sodass mein Kopf nicht allzu heftig am Boden aufgeschlagen war, doch den Knall hatte ich trotzdem noch gehört. Es war ein herrliches Erlebnis: Ich hatte den Kosmosflug mit den singenden Sternen erlebt und fand mich bei meiner Rückkehr in den Armen meiner peruanischen Kinder.

Mystik ist Erfahrung. Wie kam der Galiläer Jesus zu seiner Erfahrung? Was für einen Weg durchlief er, bevor er in der Jordantaufe zum Christus wurde und sein Christus-Sein in der

56

Wüstenerfahrung hart erkämpfte? Wenn der neutestamentliche Weihnachtsmythos einen historischen Kern enthält, dann wohl den, dass bereits seine Eltern Gotteserfahrungen gemacht hatten. Ich stelle mir Joseph als einen Mann vor, der seine Wurzeln in der Thora und den Propheten hatte. Die heiligen Worte erklangen auch bei der Zimmermannsarbeit. Seine Kinder wuchsen damit auf. Es kann durchaus sein, dass Jesus eines jener Wunderkinder war, welche die Thora und die Propheten schon in ganz jungen Jahren auswendig rezitieren konnten. Jedenfalls verblüffte er bereits als Zwölfjähriger die Priester mit seiner Kenntnis der heiligen Texte. Ob er wohl die Gabe der Heilung schon als Kind besass? Meine eigenen Kinder waren durchaus in der Lage, ihrem Vater und ihrer Mutter Migräne wegzubeten; später konnten sie das nicht mehr, die Gabe war wegentwickelt worden. Ursprünglich sollte Jesus wie sein Vater Zimmermann werden. Er selber sah das aber anders. Nicht wenige Forscher sind überzeugt, dass er eine Zeitlang ein Jünger seines Cousins, Johannes des Täufers, war. Er wuchs jedoch über seinen Cousin weit hinaus, was dieser neidlos akzeptierte. Mit dem Urgrund des Seins war Jesus so sehr eins, dass er sagen konnte: «Ich tue nichts, ich sehe es denn den Vater tun» (Joh. 5,19). Und er nannte diesen Urgrund voller Vertrauen *Abba*, Papi. Der Rabbiner Pinchas Lapide (1922-1997) glaubte an die Auferstehung Jesu. In einem Vortrag, bei dem ich dabei war, wurde er gefragt, wie er als Rabbiner an die Auferstehung Jesu glauben könne, und er antwortete: «Leben Sie einmal so wie Jeschua, so völlig eins mit Gott, und Sie werden auch auferstehen.»

Die mystische Erfahrung ist ein Erwachen. Um ein Erwachen geht es auch in den neutestamentlichen Seesturmgeschichten. In Markus 4,35ff. und in Lukas 8,22ff. geraten die Jünger in ihrem Schiff in einen lebensbedrohlichen Seesturm – und Jesus schläft buchstäblich den Schlaf des Gerechten. Sie müssen ihn wecken. Die mystische Erfahrung ist das Erwachen Gottes in uns. Kaum jemand hat etwas dagegen, wenn man ihm sagt, dass Gott in allen Menschen wohnt – aber Gott ist in den meisten nicht erwacht. Sie sind nicht bereit – und das ist die andere Seesturmgeschichte –, aus dem bisherigen Trott auszusteigen, um wie Petrus auf den Wellen zu wandeln (Mt. 14,22ff.). Die mystische Erfahrung ist das Erwachen Gottes in uns, das Aussteigen aus Gewohntem und das Wandeln auf den stürmischen Wellen des Lebens. Die Seesturmgeschichten sind ein Spiegel des mystischen Weges des Sohnes Gottes. Jesus erwachte zu seinem Gottsein und stieg in den Augen der Tempelleute gerade dadurch aus den herkömmlichen jüdischen Vorstellungen aus. Sie warfen ihm vor, sich mit Gott gleichgestellt zu haben (Joh. 5,18), das war für sie Gotteslästerung.

Mystik ist die Erfahrung des Einsseins mit dem Urgrund des Seins, in den monotheistischen Religionen Gott genannt. Am Anfang des Christentums steht Jesus, der Christus, die personifizierte Eins-Werdung mit Gott. Doch auch eine andere wichtige Person, ohne die das Christentum nicht das weltweite Christentum geworden wäre, steht in einer besonderen Einheit mit Christus und somit Gott, nämlich der Apostel Paulus. Am deutlichsten ist es in Galater 2,20 formuliert: *Ich lebe, aber nicht mehr ich, sondern Christus lebt in mir.* Die visionäre Begegnung mit dem auferstandenen Christus vor Damaskus holte ihn buchstäblich vom hohen Ross. Er war eine Zeitlang sogar blind, doch in seiner Blindheit wurde er sehend. Dass Gott nicht einfach aus irgendeinem Himmel herab wirkt, sehen wir gerade bei dem ursprünglichen Christenverfolger. Paulus war dabei, als Stephanus gesteinigt wurde, und hütete denjenigen, die Stephanus umbrachten, die hinderlichen abgelegten Obergewänder, damit sie die Steine besser werfen konnten. Er hatte Wohlgefallen an der Ermordung dieses Mannes (Apg. 22,19-20). Stephanus starb wie Jesus in einem Geist der Vergebung und der Versöhnung (Apg. 7,60). Vergebung und Liebe, die oft auf der Verliererseite zu sein scheinen, sind in Wirklichkeit ungeheure Kräfte. Im Augenblick hatte das Sterben des Stephanus, welcher den Mördern Vergebung zusprach, nicht die Wirkung, dass Paulus für die Sache Christi gewonnen worden wäre. Im Gegenteil. Erst jetzt wurde er zum aktiven Christenverfolger. Die Verhaftung von Christen in Damaskus wäre ein Höhepunkt seiner Verfolgerkarriere gewesen, doch just vor diesem Höhepunkt geschah es, dass ihn die Kraft der Vergebung vom Pferd warf und dass aus Saulus Paulus wurde.

Die kühne Behauptung, dass zwischen dem Damaskuserlebnis des Paulus und dem Geist der Vergebung des Stephanus ein Zusammenhang besteht, ist kein Ergebnis der historisch-kritischen Auslegungsmethode. Ich bin vielmehr auf geradezu absurde Weise durch Uri Geller und auch andere zu dieser Erkenntnis inspiriert worden. Uri Geller (geboren 1946) machte mit seinen öffentlichen Löffelverbiegungen durch die Kraft der Gedanken Furore. Natürlich wird ihm vorgeworfen, dass er das durch einen faulen Zaubertrick zustande gebracht habe, was ich aber bezweifle, denn nach dieser Fernsehschau brach landauf landab ein wahres Löffelverbiegungsfieber aus. Ich kenne Leute, bei denen sich zu ihrem Erstaunen die Löffel ebenfalls verbogen, wenn sie sich auf diese konzentrierten, und kaputte Uhren wieder zu ticken anfingen. Einer meiner Pfarrkollegen wagte sich mit Erfolg an Biergläser: Wenn er einige Minuten konzentriert auf ein Bierglas starrte, zerbrach dieses. Ich konnte weder Löffel verbiegen noch Gläser zerbrechen, dafür aber Beine verlängern. Das hatte ich bei amerikanischen Pfingstlern in einem Wunderkurs gelernt. Den Teilnehmern wurde beigebracht, durch ein ganz kleines Wunder den Glauben zu stärken, um auch grössere Wunder vollbringen zu können. Es ging um Segnung und Heilung. Die meisten Leute wissen gar nicht, dass ihre Beine nicht gleich lang sind. Wenn sie sich auf einen Stuhl setzen und die Beine ausstrecken, kann man den kleinen Unterschied aber einigermassen sehen. Nach dem Wunder bei Beinen, bei denen kaum ein Grössenunterschied zu sehen war, durften wir uns an Beine mit sichtbarem Unterschied wagen. Mit Singen und Beten und Berühren des kurzen Beines gelang auch das. Die Bein-Geheilten mussten anschliessend ihre Hosen den neuen Gegebenheiten anpassen. Ein Gemeindeglied mit sichtbar ungleich langen Beinen war zwar im Beinverlängerungs-Sondergottesdienst anwesend gewesen, aber nicht nach vorn gekommen, um für sich beten zu lassen. Folglich hatten sich ihre Beine nicht verändert. Im Sonntagsgottesdienst

59

hüteten wir uns, derart seltsame Dinge zu treiben. Als aber besagte Frau nach dem ganz normalen Sonntagsgottesdienst wieder nach Hause ging, stellte sie unterwegs fest, dass mit ihrer Hose etwas nicht mehr stimmte. Sie stutzte: Ihr linkes Bein war länger geworden. Ebenfalls nach einem gewöhnlichen Sonntagsgottesdienst, aber in derselben Wunderübungszeit, kam eine andere Frau fassungslos auf mich zu und jubelte: «Schauen Sie, Herr Pfarrer, was ich kann!» Sie begann zu hüpfen und zu springen. Ich schaute sie verständnislos an und fragte: «Ja, und?» – «Ja, wissen Sie das denn nicht», rief sie, «morgen bekomme ich im Spital ein neues Knie, aber das ist ja gar nicht mehr nötig», und wiederum hüpfte und sprang sie. Die Operation wurde abgesagt.

Ich machte nach der Abreise des amerikanischen Heilungslehrers keine Beinverlängerungsgottesdienste mehr, hielt jedoch bis zu meiner Pensionierung regelmässig Segnungsgottesdienste mit Krankensalbung nach Jakobus 5 ab und nahm dieses Ritual auf Wunsch auch als Krankenhausseelsorger vor, manchmal im Beisein gläubiger Ärzte. Vor einer Operation ist eine Krankensalbung eine tiefgehende Wohltat, sodass die Leute ganz anders in die Operation gehen. Auch ein Jesuitenpater, der krank im Spital lag, bat mich um diesen Dienst. Ein eigentliches, wirklich grosses Wunder habe ich bei diesen Krankensalbungen ein einziges Mal erlebt, und zwar bei einer Frau am Vorabend ihrer Brustamputation. Die Brustamputation fand nicht statt, das Krebsgeschwür war nach der Krankensalbung über Nacht verschwunden.

Mystik ist Erfahrung. Wer solche Erfahrungen gemacht hat, liest die Bibel anders als mit den Augen der historisch-kritischen Methode. Ich bin dankbar für die historisch-kritische Methode und arbeite durchaus auch mit ihr, aber nicht ausschliesslich. Ich lese die Bibel auch im Licht spiritueller Erfahrungen und entdecke Zusammenhänge, die mir sonst verborgen bleiben würden. Wenn Gedanken Löffel verbiegen und Gläser zerbrechen können, dann haben Liebe, Vergebung und Gebet erst recht ihre Wirkung. Die Bekehrung des Christenfeindes Paulus nahm ihren Anfang mit

Stephanus, der sterbend die Kraft der Vergebung in Bewegung setzte.

Ich lebe, aber nicht mehr ich, sondern Christus lebt in mir. Wer diesen Satz nicht zu seiner eigenen Erfahrung werden lässt, wird den Apostel Paulus nie verstehen, nie lieben und seine Grösse nicht zu schätzen wissen. Diese Christus-in-mir-Erfahrung ist das, was ihn antreibt und zu dem Menschen macht, der sagen kann: *Ich weiss in Niedrigkeit zu leben, ich weiss auch Überfluss zu haben; in alles und jedes bin ich eingeweiht, sowohl satt zu sein, als zu hungern, sowohl Überfluss zu haben, als Mangel zu leiden. Alles vermag ich durch den, der mich stark macht* (Phil. 4,12-13).

Hier bin ich wieder dankbar für die historisch-kritische Arbeitsmethode, welche die Texte nicht aus unserem heutigen Blickwinkel betrachtet, sondern sich mit den damaligen historischen Umständen befasst. Menschen im einundzwanzigsten Jahrhundert – darunter auch Christen – lehnen Missionierung ab. Der Begriff *Missionierung* ist geradezu ein Schimpfwort geworden. Aus dem Blickwinkel heutiger Missionsgegner ist der Apostel Paulus ein fanatischer, engherziger Missionar. Aus dem Blickwinkel der damaligen Zeit stellen wir jedoch fest, dass Paulus wie kaum ein anderer für Universalismus einsteht. Jedes Volk hatte seine eigenen Götter. Wenn ein Volk erobert wurde, war seine Niederlage ein Zeichen dafür, dass sein Gott vom stärkeren Gott des mächtigeren Volkes besiegt worden war, und so wurde dieser fremde, mächtigere Gott vom besiegten Volk ganz selbstverständlich übernommen. Nicht so beim jüdischen Volk. Das unterdrückte jüdische Volk hielt selbst in der Verbannung an Jahwe fest. Propheten behaupteten sogar, dass eines Tages alle Welt zu dem Gott der Juden finden würde. Doch diese prophetischen Aussagen fanden keine Anerkennung, weder bei den Tempelleuten noch im gewöhnlichen jüdischen Volk. Das jüdische Volk kapselte sich mit seinem Gott mit aller Radikalität von den anderen Völkern ab. Paulus durchbrach diese Abkapselung. Die Welt musste nicht so bleiben, wie sie war, mit Gottes Hilfe würde sie anders werden.

Die römische Sklaverei wurde zur Lebenszeit des Apostels Paulus zwar nicht abgeschafft, aber es war seine Botschaft, dass Juden und Griechen und Römer, Herren und Sklaven Brüder und Schwestern waren, Glieder am mystischen Leib Christi – was die Grundlage bot für die spätere Abschaffung der Sklaverei. Paulus sah es als seine Bestimmung, das Getrennt-Sein der Menschen von ihrem Selbst durch Christus zu überwinden. In der damaligen jüdischen Gedankenwelt verwurzelt, sprach er nicht von Ego und Selbst, sondern von altem und neuem Adam (Röm. 5,14). Paulus war aber auch ein Jude mit griechisch-philosophischer Bildung. Seine Theologie spiegelt den jüdischen Opferdienst wider – Christus hatte am Kreuz das heilbringende Opfer gebracht –, doch seine Sprache war auch für die anderen Völker verständlich, weil sie von der griechischen Philosophie und von römischem Wirtschaftsdenken mitgeprägt war. Im römischen Reich wurden Sklaven gekauft und verkauft. Wer getrennt war vom wahren Selbst, war ein Sklave des alten Adam, doch durch Christus konnten Sklaven freigekauft werden: Christus hatte den Preis dafür bezahlt. Sünde ist bei Paulus nicht einfach eine einzelne böse Tat, sondern das Getrennt-Sein vom wahren Selbst. Paulus hat griechisch geschrieben. Auf Griechisch heisst Sünde αμαρτία (Hamartia) und hat die Bedeutung *das Ziel verpassen*, dem alten Adam folgen. Für uns sind das dogmatische Sätze, Notenblätter, damals aber war es mit Begeisterung aufgenommene Musik, gerade von der versklavten Schicht, aber auch von nicht wenigen gebildeten und wohlhabenden Kreisen. Der Apostel hat nichts gemein mit kleinlichem fanatischem Missionseifer, er legte das theologische Fundament für eine universale Bewegung, welche die Welt veränderte und immer noch verändert, und das mit vollem Einsatz seines an und für sich schwachen Körpers. Er flehte Gott mehrmals an, er möge ihn von seinem kränklichen Zustand befreien, aber er wurde von seiner Krankheit nicht befreit, sie blieb ein Stachel in seinem Fleisch (2. Kor. 12,7). Durch diese

62

gesundheitliche Schwäche konnten die jungen Christen klar erkennen: Was dieser Mann zustande brachte, wurde nicht gewirkt durch sein Macht-Ego, sondern es war das Werk Gottes in ihm und durch ihn im gegenseitigen Durchdrungen-Sein. Und so konnte er sagen: *Wenn ich schwach bin, bin ich stark* (2. Kor. 12,10). Paulus war aber nicht nur durch ein körperliches Leiden geschwächt, sondern er kannte auch Lebensumstände, in denen er auf seinen Missionsreisen fast verhungert wäre. Wo er auftrat, gab es nicht nur begeisterte Zustimmung, sondern auch Widerstand. Er war mehrmals im Gefängnis, wurde körperlich angegriffen, einmal sogar gesteinigt und als tot liegen gelassen. Auch Schiffbruch erlitt er und musste schwimmend um sein Leben kämpfen. Er brachte geistig und körperlich zustande, was kein Mensch vermag. An seinem Leben ist erkennbar: *Ich vermag alles durch den, der mich stark macht; wenn ich schwach bin, bin ich stark.*

Das Gleichnis vom verlorenen Sohn buddhistisch erzählt

Im Buddhismus geht es nicht um einen Vater und seinen verlorenen Sohn, sondern um einen Hirten, der seinen Ochsen verloren hat. Die Geschichte vom Hirten und dem Ochsen wird im Buddhismus nicht bloss erzählt, sondern in zehn Bildern meditativ betrachtet. Auf Bild 1 ist von einem Ochsen allerdings weit und breit noch keine Spur zu sehen. Der Hirte steht da als Rinderhirte ohne Rinder. Also etwas, das es gar nicht gibt, denn ein Hirte ohne Herde ist schlicht und einfach kein Hirte. Dieser scheinbare Nicht-Hirte ist ein Gleichnis für den Menschen, der von sich selber, seinem wahren Selbst abgetrennt ist und zunächst nichts zu vermissen scheint. Doch irgendeinmal setzt eine Unzufriedenheit ein, die schliesslich zur Sehnsucht wird. Auf Bild 2 sieht man den Hirten erfüllt von einer Ahnung, dass es einen Ochsen gibt, der zu ihm gehört. Also muss dieser auch Spuren hinterlassen haben, die zu ihm führen. Auf den folgenden Bildern macht der Hirte sich auf die Suche; er streift durch Felder, Wiesen und Wälder. Auf einigen Bildern ist zu sehen, dass er sich freut. Vögel singen, das ist angenehm, doch in den Wäldern gibt es auch unheimliche Geräusche, die ihn erschrecken. Aber er gibt nicht auf. Mag sein Herz in gefährlichen Schluchten noch so klopfen, er sucht nach Spuren. Und eines Tages – welch eine Freude! – sieht er Abdrücke im Erdboden, die nur von einem Ochsen stammen können, von seinem Ochsen. Spuren entdeckt zu haben, bedeutet aber nicht, dass der Hirte den Ochsen bereits gefunden hätte. Es geht weiter durch bedrohliche Wüsten und Sümpfe. Schliesslich führen die Spuren durch einen schier unüberwindbaren Fluss, auf dessen anderer Seite tatsächlich auf einer herrlichen grünen Wiese friedlich der Ochse weidet. Dieser hat aber nicht gerade darauf gewartet, sich einfangen zu lassen. Dafür braucht es Mut und Geschicklichkeit. Als es dem Hirten endlich gelingt, will er auf dem Tier reiten, doch der Ochse versucht den Reiter abzuwerfen. Endlich kehrt zwischen Hirte und Ochse Friede ein. Der Hirte kann fröhlich die Hirtenflöte spielend auf seinem Ochsen nach

Hause reiten, wieder durch Wüsten, Schluchten und Wälder, die jetzt gar nicht mehr so gefährlich zu sein scheinen wie zuvor. Er gelangt schliesslich zusammen mit dem Ochsen in sein Dorf. Ein für christliches Empfinden erstaunliches Bild ist Bild Nummer 9. Es ist ein absolut leeres Bild. In einer christlichen Geschichte wäre der Mensch jetzt mit Christus vereint. *Ich lebe, aber nicht mehr ich, sondern Christus lebt in mir* (Gal. 2,20). Im Buddhismus gibt es diesen Gott nicht. Hirte und Ochse sind im *Anatman* vereint. *Anatman* ist Sanskrit und bedeutet *Nicht-Selbst, Nicht-Ich, Leere, Nichts.* Auf dieses Bild 9 folgt ein letztes Bild, das wieder den Hirten zeigt. Den Ochsen sieht man nicht, aber er ist unsichtbar anwesend, eins mit dem Hirten. Der Hirte geht ganz normal wie jeder andere Mensch auf den Markt, er kauft und verkauft, er nimmt am Leben teil, er predigt nicht, schwatzt nicht von seiner Erfahrung, zwingt niemanden zu irgendetwas, aber er ist anders geworden, und deshalb ist jetzt auch der Markt anders geworden.

Die buddhistische Geschichte vom Hirten mit dem verlorenen Ochsen kann uns helfen, das biblische Gleichnis vom verlorenen Sohn mit anderen Augen zu betrachten. Das Gleichnis Jesu ist genau genommen das Gleichnis von zwei verlorenen Söhnen. Beide, der jüngere und der ältere Sohn, sind auf ihre Weise von ihrem wahren Selbst abgetrennt. Weder der eine noch der andere sucht zunächst sein eigentliches Sein. Es ist im christlichen Glauben in erster Linie Gott, welcher der Wartende und Suchende ist. Der eine Sohn ist getrennt vom Strom des Lebens, indem er buchstäblich vor die Säue geht (für jüdische Zuhörer ist der Vergleich mit Schweinen ganz besonders schlimm), der andere dagegen ist überzeugt, die Göttlichkeit fuderweise gefressen zu haben – «ich und Gott», «hoppla, hier komm' ich mit meiner ganzen Frömmigkeit» –, aber den froh machenden Gott hat er nie erfahren, nie ein Fest erlebt, wie er sagt. Auf den Schweinehüter musste Gott nur warten, dieser kam vor lauter Verzweiflung selber zurück. Den anderen Sohn, den selbstgerechten, musste der Vater eigens aufsuchen – aber er tat es.

65

Sowohl im christlichen als auch im buddhistischen Gleichnis geht es um die Wiedervereinigung mit dem Urgrund des Seins, mit unserem wahren Ich, von dem unser Ego abgetrennt ist. Im christlichen Gleichnis ist die Vereinigung ein Fest, gefolgt vom Alltag auf der Farm, im buddhistischen Gleichnis ist es ein Verschwinden von Hirte und Ochse im *Anatman*. Im christlichen Glauben ist es *Christus in mir,* aber auch im buddhistischen Gleichnis beginnt wieder ein ganz normaler Alltag. Mystik ist nicht – oder sollte es jedenfalls nicht sein – eine Flucht in Ekstase und übersinnliche Erfahrungen, obschon diese als Begleiterscheinung durchaus auftreten können (und sollen), sofern kein blinder Rationalismus sie krampfhaft vermeidet oder gar als Fehlleistungen des Gehirns abtut. Die Mystik ist die Erfahrung – nicht die sture dogmatische Behauptung, sondern die Erfahrung –, dass Gott selbst im Hintersten und Letzten, also in restlos allem, in jeder Alltagsbeschäftigung, der Ursprung und Begleiter ist. Im ausserbiblischen Thomasevangelium sagt Jesus: «Spalte ein Stück Holz, und ich bin da. Hebe einen Stein auf, und du findest mich.» Dass Gott überall ist, also auch in mir, davon spricht eindrücklich bereits Psalm 139:

Stiege ich hinauf in den Himmel,

so bist du dort;

schlüge ich mein Lager in der

Unterwelt auf – auch da bist du.

Nähme ich Flügel der Morgenröte

und liesse mich nieder

zuäusserst am Meer,

so würde auch dort

deine Hand mich greifen

und deine Rechte mich fassen.

66

Maria und Martha

Ich liebe diese Geschichte, die der Evangelist Lukas erzählt. Schon die ersten Zeilen riechen nach Mystik: *Es begab sich aber, als Jesus und die Jünger weiterzogen, da kamen sie in ein Dorf, und eine Frau mit Namen Martha nahm ihn in ihr Haus auf.* Es ist anzunehmen, dass auch die Jünger bewirtet wurden, doch Lukas sagt ausdrücklich: Sie nahm *ihn* in ihr Haus auf. Jesus wurde in ihrem Haus, *in ihr* zur Erfahrung, *in ihr* erwachte Gott. Diese Geschichte riecht nach Mystik.

Wer die Bibel nur mit den Augen der historisch-kritischen Methode liest, kann über meinen mystischen Riecher nur den Kopf schütteln. Strenggläubig Historisch-Kritische sagen: «Marcel Dietler liest seine eigene Auffassung in die Bibel hinein.» Diese strenggläubig Historisch-Kritischen haben natürlich recht. Ich lese die Bibel in der Tat mit meinen Augen, halt eben so, wie ich Gott nun einmal erfahre. Das machen aber auch die Historisch-Kritischen. Auch sie lesen die Bibel mit ihren Augen, so, wie sie Gott erfahren oder auch nicht erfahren. Dank der historisch-kritischen Methode ist mir bewusst geworden, dass die Verfasser der biblischen Texte, sowohl der hebräischen Bibel als auch der Evangelien, weder Protokolle noch Biographien geschrieben haben. Sie legen uns vielmehr Glaubenszeugnisse vor. Sie lesen genau wie wir ihre Auffassungen in Geschichten hinein, die sie gehört haben. Besonders deutlich sehen wir das in den Jesus-Seesturmgeschichten. Ein vermutlich einmaliges Geschehen haben die Evangelisten in ihrem eigenen Glaubensleben unterschiedlich erfahren. In dem einen Glaubenszeugnis schläft Jesus mitten im gefährlichen Sturm seelenruhig im Boot, im andern Zeugnis wandelt er auf den Wellen und fordert Petrus auf, die bisherige Sicherheit – das Boot – zu verlassen. Beide Varianten wollen Christus in uns zum Erwachen bringen. Es gibt Menschen, bei denen Christus zwar vorkommt, sie sind getauft und konfirmiert und nicht aus der Kirche ausgetreten. Aber ob sie an ihn glauben oder nicht macht kaum einen Unterschied, Gott ist in ihnen noch nicht erwacht. Sie wagen nicht, aus dem bisherigen Trott auszusteigen und sich den Gefahren zu stellen. Für die streng Historisch-Kritischen ist der Seewandel Christi mit Petrus eine Legende. Doch wie steht es mit dem parapsychologischen Phänomen der Levitationen? Prinzessin Maria von Savoyen sowie bekannte Männer aus Politik und Wissenschaft bezeugten unter Eid, dass sie Josef von Copertino (1603-1663), den Priester von Copertino, während des Vollzugs der Messe an die Decke hätten schweben sehen. Ob es sich bei Jesus und Petrus im Seesturm um dieses Phänomen handelte, weiss ich nicht. Ich jedenfalls habe den Seewandel in jungen Jahren im Traum erlebt. Ich war selber Petrus, stieg aus dem Boot, wandelte auf den Wellen, fürchtete mich plötzlich und versank, doch im Versinken geschah das Wunderbare: Ich wurde von Christus gerettet. Als er mich in die Arme nahm, verliebte ich mich in ihn und versprach ihm, Pfarrer zu werden. Ich habe mein Versprechen gehalten und bin siebzig Jahre nach diesem Traum noch immer verliebt in ihn. Das ist Mystik. Ich bin ein Leben lang immer wieder aus dem Boot der Sicherheit ausgestiegen.

Zurück zur mystischen Geschichte von Maria und Martha. Martha macht die ganze Hausarbeit allein, sie putzt und kocht, während ihre Schwester Maria andächtig zu Jesu Füssen sitzt und ihm zuhört. Martha tadelt ihre untätige Schwester, doch Jesus nimmt diese in Schutz und sagt: *Martha, Martha, du machst dir Sorge und Unruhe um viele Dinge. Weniges aber ist not; Maria nämlich hat das gute Teil erwählt.*

Ich habe über diesen Text oft gepredigt, einmal im Rahmen eines ganz besonderen Gottesdienstes. In der Einladung stand damals zu lesen:

68

Musikgottesdienst mit Orgel und Staubsauger
an der Orgel Erica Zimmermann
am Staubsauer Kathrin Bieri
Predigt Pfr. Marcel Dietler

Und das Volk strömte. Alle waren neugierig: Musikgottesdienst mit Orgel und Staubsauger, was mochte das sein? – Es war absolut grauenhaft. Die Organistin spielte auf der Orgel die wunderbarsten Bachmelodien, während die Sigristin als Martha gleichzeitig mit dem lärmenden Staubsauger zwischen den Beinen der Gottesdienstbesucher herumfummelte. Die Gottesdienstbesucherinnen hielten sich die Ohren zu und lachten schallend. Staubsauger und Orgel motivierten sie, bei der Predigt besonders gut aufzupassen.

Nun wird es selbst für die strenggläubig Historisch-Kritischen mystisch. Für sie ist Maria eine typische Mystikerin, die, wie sie sagen, fromme Weltflucht praktiziert, während doch der christliche Glaube zur Aktivität der Martha aufrufe. Für strenggläubig Historisch-Kritische ist Mystik Weltflucht. Sie machen mit ihrem Urteil die Rechnung allerdings ohne den Wirt. Der Wirt ist in diesem Fall der grösste Mystiker, den die westliche Christenheit hervorgebracht hat. Er ist für die christliche Mystik so prägend, dass er der *Meister der Mystik* genannt wird, Meister Eckhart (1260-1328).

Meister Eckhart hat über die Geschichte von Maria und Martha eine höchst eigenwillige Predigt gehalten, und auch er hat seinen Glauben in die Geschichte hineingelesen. Den meisten Leserinnen und Lesern dieser Geschichte ist klar, dass es Maria ist, welche hier von Jesus gelobt wird. Eckhart macht genau das Umgekehrte, er lobt die aktive Martha. Aber das steht so nicht im Text. Eine solche Auslegung widerspricht im Grunde genommen allem, was man von einer Predigt erwarten darf. Aus Eckharts nicht besonders textgetreuer Auslegung erfahren wir deshalb weniger, was sich zwischen Jesus und den beiden Schwestern abspielte, als vielmehr,

69

was Eckhart unter Mystik versteht. In seiner Predigt war Martha ursprünglich genau wie Maria eine, die zu Füssen Jesu sitzt. Auch sie war einmal eine Schülerin gewesen, die lernen musste. Auch sie hatte sich der Süsse der Gegenwart Jesu hingegeben, aber jetzt war sie reifer geworden, im Glauben gewachsen. Für Eckhart ist Gott nicht einfach erfahrbar in himmlischen Sphären und heiligen Gefühlen, sondern in jeder Tätigkeit, die auf uns wartet. Und jetzt soll gekocht und serviert werden.

Meister Eckhart wies auch in anderen Predigten stets darauf hin, dass wir Gott nicht lieben dürfen wie eine Kuh, die wir melken können und die wir darum schätzen, weil sie uns Milch, Butter und Käse liefert. Das wäre nicht Gottesliebe, sondern Eigennutz.

Es gibt heute Christen, denen Eckharts Predigten besonders guttäten. Was muss sich Gott doch alles für Gebete anhören! Wenn ein fünfjähriger Junge betet, dass ihm zum Geburtstag ein Rennauto geschenkt werde, ist das verständlich; Kinder sind Kinder. Aber irgendeinmal werden Kinder reifer. Es gibt jedoch Erwachsene, die nach wie vor wie Kinder beten: «Gott, tu dies, tu jenes; gib mir dies und jenes und das und das.» Beten so Mitarbeiter Gottes? Meister Eckhart durchschaut die Menschen, die Gott wie eine Kuh behandeln.

In seiner Maria-Martha-Predigt sagte Meister Eckhart wörtlich: *Nun sagt Martha: «Herr, heiss sie, dass sie mir helfe.» Dies sprach Martha nicht aus Unwillen, sie sprach es vielmehr aus liebendem Wohlwollen, durch das sie gedrängt wurde. Wir müssen's nun wohl liebendes Wohlwollen oder eine liebenswürdige Neckerei nennen. Wieso? Gebt acht! Sie sah, dass Maria in Wohlgefühl schwelgte zu ihrer Seele vollem Genügen. (...) Wir hegen den Verdacht, dass sie, die liebe Maria, mehr um des wohligen Gefühls als um des geistigen Gewinns willen dagesessen habe. Deshalb sprach Martha: «Herr, heiss sie aufstehen!», denn sie fürchtete, dass Maria in diesem Wohlgefühl stecken bliebe und nicht weiter käme.*

70

Augustinus (354-430) prägte den Ausdruck *Frui Deo,* Gott geniessen. Dieses Wort taucht in seinen Schriften nur darum auf, weil Augustinus Gott tatsächlich genossen hat. Dieser Genuss war seine Erfahrung. Menschen in der Bibel haben das Geniessen Gottes erlebt. *Die Freude am Herrn ist meine Kraft* (Neh. 8,10). *Fülle der Freuden vor deinem Angesicht und Wonnen in deiner Rechten ewiglich* (Ps. 16,11). Auch in Kirchenliedern finden wir das *Frui Deo.* Ob die Gottesdienstbesucherinnen und -besucher, welche diese Lieder brav mitsingen, das *Frui Deo* tatsächlich erlebt haben, ist eine andere Frage. Die Liederdichter jedenfalls wissen, wovon sie singen; sie drücken ihre Erfahrung in Worten und Klängen aus: *Kein Aug hat je gespürt, kein Ohr hat mehr gehört solche Freude. Des jauchzen wir und singen dir das Halleluja für und für.* Dieselbe Erfahrung finden wir beim französischen Mathematiker, Physiker und Philosophen Blaise Pascal. Auf einem Pergamentstreifen, den er ins Futter seines Rocks eingenäht hatte, fand man nach seinem Tod die Worte: *Montag, 23. Nov. 1654. Seit ungefähr abends zehneinhalb bis ungefähr eine halbe Stunde nach Mitternacht – Feuer! Gott Abrahams, Gott Isaaks und Jakobs, nicht der Philosophen und Gelehrten. Gewissheit! Gewissheit! Empfinden: Freude, Friede, der Gott Jesu Christi. Freude! Freude! Freude! Freudentränen!*

Wenn Menschen – gerade auch genussbetonte westeuropäische Menschen – wüssten, dass Gott ein wahrer Genuss ist, sie würden sich wie Verhungernde darauf stürzen. Offenbar war das Geniessen Gottes zur Zeit von Meister Eckhart ein so häufiges Phänomen, dass er davor warnte. In unserer Zeit allerdings ist das Geniessen Gottes eine unbekannte Erfahrung geworden. Was soll es bei Gott denn schon zu geniessen geben? Diese Erfahrung ist so unbekannt, dass der grosse Schweizer Mitbegründer der Psychoanalyse, C.G. Jung, dazu aufrief, sie wieder zu entdecken und zu wagen. Der heutige Mensch stürzt sich in alle möglichen und unmöglichen Abenteuer für einen Adrenalinkick und Glücksschub. Im Blick auf all diese Abenteuer sagte Jung klar und deutlich: *Das einzig lebenswerte Abenteuer kann für den modernen Menschen nur noch nach innen zu finden sein. Allerdings ist es leichter, zum Mars vorzudringen als zu sich selbst.* Jung sagt mit Recht, dass der Weg nach innen eine schwierige Reise ist. Es braucht einen geistlich-sportlichen Eifer, sie anzutreten. Doch wer das *Frui Deo* schon einmal hat kosten dürfen, versteht auch die Mahnung Eckharts, vom Berg der Verklärung dann wieder herabzusteigen und Martha zu werden.

Mit Gott Pfannkuchen backen: Bruder Lorenz

Wenn Gott bei jeder grossen oder auch nur kleinen Tätigkeit dabei ist, bei Marthas Staubwischen und bei ihrem in Kochtöpfen Rühren, dann ist er auch zu finden beim Pfannkuchenbacken von Bruder Lorenz. Nicolas Herman (1614-1691), wie Bruder Lorenz mit seinem bürgerlichen Namen hiess, wuchs im Herzogtum Lothringen auf. Im dreissigjährigen Krieg kämpfte er als Soldat gegen die Franzosen und Schweden. Er wurde schwer verwundet und war seither an einem Bein gelähmt. Von Gott berührt wurde er durch die Betrachtung eines im Winter entlaubten Baumes bei der Vorstellung, dass dieser tote Baum im Frühling wieder blühen und im Sommer Früchte tragen würde. Er war zutiefst bewegt. In seinem Herzen erwachte Gott dermassen, dass er beschloss, in der Fortsetzung seines Lebens keine Sekunde lang ohne Gedanken an Gott zu verbringen. Er zog sich zuerst als Eremit in den Wald zurück, trat später aber als Laienbruder in ein Karmeliterkloster in Paris ein und nahm den Namen *Bruder Lorenz von der Auferstehung* an. Ihm wurde die Aufgabe als Koch des Klosters zugewiesen, was in keiner Weise seinen Vorlieben entsprach, doch empfing er diesen Auftrag dankbar als Einübung in das immerwährende Denken an Gott. Wenn er Omeletten zubereitete, nahm er die Eier bewusst aus Gottes Hand entgegen, verrührte sie mit der Milch von Kühen, welche Geschöpfe Gottes sind, vermischte Eier, Milch und Salz mit dem Mehl aus Weizen, den Gott hatte wachsen lassen. Beim schwungvollen Wenden der Omeletten überwand er in der Kraft Gottes die Schwerkraft, indem die Omelette sich kurz in der Luft drehte, bevor sie wieder in die Pfanne zurückfiel. In einem Brief schreibt er: *Ich wende die kleine Omelette in meiner Pfanne um Gottes Liebe willen. Wenn sie fertig ist und ich nichts zu tun habe, dann strecke ich mich auf dem Boden aus und bete meinen Gott an, der mir Gnade gegeben hat, sie zuzubereiten. Danach stehe ich fröhlicher als ein König wieder auf. Wenn ich nichts anderes zu tun habe, genügt es mir, einen Strohhalm um der Liebe Gottes willen aufzuheben. Die Leute halten immer Ausschau danach, wie sie Gott allein lieben können. Sie hoffen, das durch wer weiss wie viele Übungen zu erlangen. Sie machen sich viel Mühe und Umstände, um auf die verschiedenste Art und Weise in seiner Gegenwart zu bleiben. Ist es nicht eine kürzere und direktere Art, alles um der Liebe Gottes willen zu tun? Alle Aufgaben in unserem Leben zu gebrauchen, um ihm diese Liebe zu zeigen und seine Gegenwart durch die Gemeinschaft unseres Herzens mit dem seinen aufrechtzuerhalten? Daran ist doch nichts schwierig. Man muss sich dem nur ehrlich und einfach stellen.* Die Ausstrahlung von Bruder Lorenz wurde so stark, dass Leute mit ihren Sorgen und Nöten zu ihm kamen. Einige schrieben seine Äusserungen nieder, sodass mehrere Bücher entstanden. In einem Gespräch sagte er: «Es gibt auf der Welt kein süsseres und glücklicheres Leben als das Leben in ständiger Unterhaltung mit Gott. Nur diejenigen können es verstehen, die es praktizieren und schmecken.»

Heutige Menschen, welche dauernd Stöpsel in den Ohren tragen und Musik hören oder mit ihren Smartphones beschäftigt sind, haben keinen Zugang zu der Welt von Bruder Lorenz. Sie sind wie jener Berliner, der ruhelos von einem Ereignis zum andern eilte und doch keine Erfüllung fand. Als ein Freund zu ihm sagte: «Mensch, sei nicht so äusserlich, geh doch endlich mal in dich hinein», erwiderte er: «War ick schon, och nischt los.»

Auf Bruder Lorenz bin ich erst durch das Schreiben meines Büchleins beim Recherchieren gestossen, doch mache ich seit Jahren ebenfalls Übungen, um ununterbrochen an die Gegenwart Gottes zu denken. Diese Übungen habe ich angefangen, seit mich das Pauluswort in 1. Thessalonicher 5,17 gepackt hat: *Betet ohne Unterlass.* Wie macht man das, ohne Unterlass beten?, fragte ich mich. Die Antwort fand ich in der orthodoxen Kirche, die mich schon immer fasziniert hat. Die orthodoxe Kirche ist eine stark mystisch geprägte Kirche. Im Mönchsstaat auf dem Berg Athos haben die Mönche das Jesusgebet entwickelt, auch Herzensgebet genannt. Es besteht aus einem einzigen Satz: *Κύριε Ἰησοῦ Χριστέ, υἱὲ τοῦ Θεοῦ, ἐλέησόν με – Herr Jesus Christus, Sohn Gottes, erbarme*

74

dich meiner. Dieser Satz lässt sich mit dem Atem vereinigen. Einatmen: *Herr Jesus Christus, Sohn Gottes,* ausatmen: *erbarme dich meiner.* Er lässt sich aber auch im Rhythmus mit dem Herzschlag sprechen. Wer das lange genug übt, braucht schliesslich seinem Atem oder Herzschlag nur noch zuzuhören, um zu merken, wie der Name Jesu in seinem Innern unablässig geatmet und gepocht wird.

Das Herzensgebet bete ich zwar oft, aber offenbar nicht häufig genug. Es bleibt eine bewusste Übung. Die Ohrwurm-Automatisation dagegen habe ich bei einem anderen Satz erreicht: *Du in mir und ich in dir.* Sobald ich die Schuhe anziehe und mich nach draussen begebe, höre ich, wie meine Schuhe klappern: *Du in mir und ich in dir.* Das automatische Gebet hört auf, wenn ich mich im Gespräch auf etwas konzentriere oder im Wald den Vögeln zuhöre oder an der Aare dem Rauschen des Wassers lausche, doch nach jedem Unterbruch setzt es wieder ein, Schritt für Schritt, langsam oder schnell, je nach Tempo meines Gehens, sogar beim Rennen auf das Tram: *Du in mir und ich in dir.*

Bruder Lorenz mit seinem Pfannkuchengebet wäre im deutschen Sprachraum wohl unbekannt geblieben, wenn nicht der reformierte Mystiker Gerhard Tersteegen (1697-1769) die Gebete des Laienbruders auf Deutsch übersetzt hätte. Teerstegen seinerseits hat es mit mehreren Liedern in unser heutiges schweizerisches reformiertes Gesangbuch geschafft.

Der Atheist Steiner und das Lied Gott ist gegenwärtig

Eines der berühmtesten Lieder von Gerhard Tersteegen trägt den Titel *Gott ist gegenwärtig*. Es lohnt sich, ein paar Strophen mit dem inneren Auge zu betrachten.

Strophe 1
Gott ist gegenwärtig
Lasset uns anbeten
und in Ehrfurcht vor ihn treten
Gott ist in der Mitte.
Alles in uns schweige
und sich innigst vor ihm beuge.
Wer ihn kennt, wer ihn nennt,
schlag die Augen nieder;
gebt das Herz ihm wieder.

Lasset uns anbeten. Anbetung ist das, was christliche Mystiker miteinander verbindet. *Alles in uns schweige.* Das Schweigen ist den Mystikern aller Religionen gemeinsam. Buddhistische Mönche können stundenlang in Buddhahaltung stumm dasitzen und meditativ in Schweigen versinken. Christen nennen dieses schweigende Meditieren Kontemplation.

Strophe 2
Luft, die alles füllet,
drin wir immer schweben,
aller Dinge Grund und Leben
Meer ohn' Grund und Ende,
Wunder aller Wunder:
Ich senk mich in dich hinunter.

76

Ich in dir, du in mir,
lass mich ganz verschwinden,
dich nur sehn und finden.

Luft, die alles füllet. Wenn wir einatmen und ausatmen, atmen wir Gott ein und aus. Es gibt nichts, das uns näher ist als Gott, und doch ist er wie die Tiefe des Meeres, das wir nie erklärend ausschöpfen können. Aber wir können uns in den Urgrund allen Lebens sinken lassen: *Ich in dir, du in mir.*

Strophe 3
Du durchdringest alles;
lass dein schönstes Lichte,
Herr, berühren mein Gesichte.
Wie die zarten Blumen
willig sich entfalten
und der Sonne stillehalten,
lass mich so, still und froh,
deine Strahlen fassen,
und dich wirken lassen.

Das Lied *Gott ist gegenwärtig* kenne ich seit meiner Kindheit, aber verliebt in seine Worte und die Melodie habe ich mich erst durch eine Begegnung mit einem *gläubigen Atheisten*. Ich weiss, *gläubig* und *Atheist* scheint nicht zusammenzupassen. Herr Steiner war Jude, ein Holocaustüberlebender mit einer KZ-Brennnummer am Arm. Herr Steiner glaubte weder an den Gott Israels noch an einen personhaften Gott, aber er glaubte an den Urgrund des Lebens. Und diesen Urgrund fand er am besten ausgedrückt in der Person Jesu und in Liedern, in welchen die Mystik klang. Ich lud ihn immer wieder in unsere Jugendgruppe ein. Da er nicht müde

77

wurde zu betonen, dass er Atheist sei, hörten ihm alle erst recht zu, denn seine Faszination für Jesus und seine Liebe zu bestimmten Kirchenliedern war ansteckend. Ich war erschüttert, als an seiner Beerdigung nur der Lebenslauf vorgetragen wurde, gefolgt von einer Zeit der Stille. Nichts anderes. Ich musste mich zusammenreissen, um nicht aufzuspringen und in die Stille hinein zu rufen: «Jesus ist die Auferstehung und das Leben. Herr Steiner hat diesen Jesus geliebt und ist jetzt mit ihm vereint!» Bei Herrn Herr Steiner habe ich Mystik erlebt – atheistische Mystik.

Mystik hat zwei Seiten, die sich von der Ratio her betrachtet widersprechen müssten, es aber nicht tun. Mystik hat bildlich gesprochen einen Leib und eine Seele. Die äussere Form der Mystik, der Leib, das sind Formulierungen, Riten, Dogmen und Symbole. Die äussere Form kann eine Religion sein oder der Atheismus. Die Seele der Mystik bewegt sich in diesen äusseren Formen, hat ihre innere Heimat jedoch in einem Urgrund, der über diese äussere Form hinausgeht. Die äussere Form der Mystik von Herr Steiner war der Atheismus, auf seine Gesprächspartner wirkte er jedoch wie ein ganz besonders inniger Christ.

78

Die Mystik der atheistischen Theologin Dorothe Sölle

Die Leserinnen und Leser meines Büchleins hätten ohne mich nie etwas von Herrn Steiner erfahren. Anders ist es bei Dorothe Sölle (gestorben am 27. April 2003). Viele kennen diese Frau. Ihre Leidenschaft und ihr Feuer kommen jedem entgegen, der ihre Bücher liest. Eines ihrer Bücher ist ein Buch über die Mystik. Meine persönliche Begegnung mit dieser Mystikerin kann ich nur als Begegnung mit einem Vulkan beschreiben. War das nun das Feuer des Heiligen Geistes, fragte ich mich irritiert, denn Dorothe Sölle nannte ihre Theologie *atheistische Theologie*. Ich gebrauche lieber den Ausdruck *nicht theistische Theologie*. Die nicht theistische Theologin war ein ähnliches Phänomen wie Herr Steiner, ein Widerspruch, der keiner ist. Verheiratet war Dorothe Sölle mit einem Mann, der ebenfalls ein bekannter Theologe ist, Fulbert Steffensky, der heute in Luzern lebt, ein in die evangelische Kirche übergetretener Benediktiner.

Nicht theistisch, aber jedenfalls nicht wirklich atheistisch ist die Mystikerin Dorothe Sölle insofern, als sie oft die Bezeichnung Gott durch ein anderes Wort ersetzt. Ein mystischer Name für Gott ist bei ihr *du stilles Geschrei*. In einer Welt, in der Gott fast unhörbar geworden ist, kann man ihn nur als stilles Geschrei wahrnehmen. Manchmal nennt sie Gott einfach *Leben*. Und in der Tat, beim Wort Leben werden säkulare Menschen aufmerksam. Wenn wir ihnen sagen, dass wir uns zur Rettung der Welt mit Gott verbinden müssen und dass wir am Reich Gottes bauen, zucken sie müde mit den Achseln. Dorothe Sölle pflegte ihre Zuhörerinnen und Zuhörer mit dem Wort *Leben* zu packen, wenn sie leidenschaftlich rief: *Frei werden wir nur, wenn wir uns mit dem Leben verbinden gegen die Todesproduktion und die permanente Todesverbreitung!*

Dorothe Sölle war als Mystikerin überzeugt, dass Gott in jedem Menschen wohnt und mit ihm ringt, selbst wenn er nicht merkt, dass dieses Ringen ein Ringen mit Gott ist, der von uns als Kraft gebraucht werden will. Ich sehe sie noch jetzt und höre ihre

Stimme, wie sie in einem Vortrag *das stille Geschrei* laut werden liess: *Jeder von uns kämpft mit Gott. Lasst uns dazu stehen, auch wenn wir geschlagen werden und verrenkt. Jede von uns kämpft um Gott, der darauf wartet, gebraucht zu werden. Auf uns wartet ein Kampf!* Dorothe Sölle war eine prophetische Poetin. Hier eines ihrer prophetischen Gedichte:

Zeitansage

Es kommt eine Zeit
da wird man den Sommer Gottes kommen sehen
die Waffenhändler machen bankrott
die Autos füllen die Schrotthalden
und wir pflanzen jede einen Baum

Es kommt eine Zeit
da haben alle genug zu tun
und bauen die Gärten chemiefrei wieder auf
und in den Arbeitsämtern wirst du
ältere Leute summen und pfeifen hören

Es kommt eine Zeit
da werden wir viel zu lachen haben
und Gott wenig zu weinen
die Engel spielen Klarinette
und die Frösche quaken die halbe Nacht

Und weil wir nicht wissen
wann sie beginnt
helfen wir jetzt schon
allen Engeln und Fröschen
beim Lob Gottes

Spricht so eine Atheistin? Dorothe Sölle polarisierte; sie löste Stürme der Begeisterung aus, aber auch Ablehnung und Widerspruch. Und sie war ein Widerspruch in sich selber. Doch in ihrer Mystik waren die Widersprüche immer wieder aufgehoben. Kein Bild, das wir von Gott haben, ist Gott selber. Ein Bild kann immer nur sagen: So wie dieses Bild ist er auch, aber immer wieder auch ganz anders. Sölle konnte in nicht theistischen Bildern von Gott sprechen, Gott als unpersönliche Kraft, Urgrund des Seins, das Leben, aber für sie war er auch immer wieder ein Du. Sie nennt ihn nicht *ein stilles Geschrei,* sie nennt ihn *du stilles Geschrei.* Sie nennt diesen Urgrund Gott, der einmal nicht mehr weinen, sondern lachen wird.

Eine untypische Mystik: die Pfingstbewegung

Mystiker üben sich meistens in Stille und ruhiger Versenkung. Das stumme Meditieren im bewegungslosen Buddhasitz, aber auch das Tanzen der Derwische, deren kreisende Röcke ein sanftes Schweben um die Universumsmitte Gott darstellen wollen, legen davon eindrücklich Zeugnis ab. Diese Stille entfaltet eine erstaunlich anziehende Kraft, ohne missionarisch sein zu wollen.

Mystik kann unter Umständen aber auch enthusiastisch, laut und betont missionarisch sein. Christentum kann und darf anders sein als das, was wir gewohnt sind. Und ehrlich gesagt, der Pfingstbericht im Neuen Testament hat mehr Ähnlichkeit mit dem peruanischen Räuberhöhlengottesdienst als mit dem, was wir hier kennen. Wer so tief gesunken ist, dass er zum Verbrecher oder zu einem durch Drogen zerstörten Menschen wurde, kann nur durch eine konsequente Abkehr vom Bisherigen und eine ebenso konsequente Hinwendung zu Jesus Christus ein neues Leben beginnen. Bekehrung und Wiedergeburt sind Reizworte geworden, die ich lieber vermeide, aber bei den evangelikalen und pfingstlichen Christen ist das ihr Bussruf. Bei Billy Graham tönte dieser Bussruf sympathisch, bei andern eher abstossend, jedenfalls für mich. Bei südamerikanischen Pfingstlern hat er mich oft gerührt. Ich habe peruanische Pfingstler getroffen, welche bei Begegnungen mit tief gesunkenen Menschen über deren Verlorenheit echt und von Herzen in Tränen ausbrachen, und ich habe es erlebt, dass solche Verlorenen stammelten: «Um mich hat noch nie jemand geweint, weder Vater noch Mutter; mich haben die Eltern bewusst zum Verbrecher erzogen und mir beigebracht, mich bei meinen Verbrechen möglichst nicht erwischen zu lassen.» Und ein Anbetungsleiter in der Schweiz – oder soll ich ihn eher als Produzenten lärmiger Musik bezeichnen – erklärte mir, mit seiner lauten Musik müsse er die jugendlichen Zuhörer, welche zu Hunderten in seine christlichen Konzerte strömten, zunächst flach drücken, bevor sie bereit seien, seine Jesus-Botschaft zu hören.

82

Dieses Konzert fand nicht in Peru statt, sondern in der Stadtkirche Biel.

Pfingstler sind Menschen, die den heiligen Geist erlebt haben. Wer den biblischen Pfingstbericht liest, wird feststellen, dass die Jüngerinnen und Jünger Jesu nach Karfreitag und Ostern und dem Ende der vierzig Tage dauernden Begegnungen mit dem Auferstandenen die Ausgiessung des Heiligen Geistes auch nicht in glückseliger Ruhe erlebten – das erste Pfingsten war vielmehr eine sehr lärmige Angelegenheit: Aussenstehende empfanden diese Christen als johlende Besoffene (Apg. 2,11), die sogar in fremden Sprachen durcheinanderquasselten (Zungenrede, Glossolalie).

Die Anfänge der Pfingstbewegung gehen auf eine Erweckung zurück, die im Jahr 1906 in der Azusa Street in Los Angeles unter Nachkommen ehemaliger schwarzer Sklaven begann. Es muss äusserst turbulent zu- und hergegangen sein, berichten doch damalige Zeitungen, es habe keine Verletzten gegeben. Die Pfingstbewegung ist somit eine Gabe schwarzer Christen an die gesamte Christenheit. Die Bewegung breitete sich sehr schnell über alle Kontinente und Länder aus und ist auch heute noch der am schnellsten wachsende Zweig der Christenheit.

Bis in die Fünfzigerjahre des zwanzigsten Jahrhunderts hinein galten diese Christen als Sekte. Das änderte sich durch das Wirken von David du Plessis. Dieser Pfingstprediger war ursprünglich ein in Südafrika beheimateter Christ hugenottischer Abstammung, der später von den Vereinigten Staaten aus wirkte. Wie er mir persönlich erzählte, öffneten sich ihm die traditionellen Kirchen durch eine Begegnung mit einem anglikanischen Pfarrer, mit dem er auf einer Flugreise ins Gespräch kam. Dieser Priester befand sich in einer tiefen Glaubenskrise. Aus einer Eingebung heraus sagte David ihm spontan: «God has no grandchildren. Gott hat nur Kinder, keine Grosskinder. Dir fehlt die eigene Erfahrung.» Das war für den Anglikaner das erlösende Wort. Durch ihn wurde David zunächst in die anglikanischen Kirchen eingeladen und schliesslich sogar vom Papst empfangen. Mr. Pentecost, wie David nun genannt wurde, steht am Anfang dessen, was in den traditionellen Kirchen charismatische Bewegung genannt wird.

Die enthusiastischen Gottesdienste rufen mir ein Ereignis aus dem Alten Testament in Erinnerung: In 2. Samuel 6 steht die Geschichte der Bundeslade Gottes, welche zum Entsetzen der Israeliten von den Philistern gestohlen worden war. Die Bundeslade bedeutete für Israel die Gegenwart Gottes. Durch einen siegreichen Krieg gelang es dem jungen König David, den Philistern die Bundeslade zu entreissen. Als die Bundeslade nach Jerusalem zurückgebracht wurde, tanzte David vor Begeisterung vor den Augen des Volkes auf dem ganzen Weg halbnackt vor der heiligen Lade. Seine Frau Michal sah das und schämte sich. Sie machte dem König schwere Vorwürfe. Und dann folgt der Satz: *Michal aber, die Tochter Sauls, blieb kinderlos bis an den Tag ihres Todes.* Für die Pfingstler und kirchlichen Charismatiker ist klar: Eine Kirche, welche den Enthusiasmus verbietet, bleibt fruchtlos.

Mit Lärm und Enthusiasmus allein ist freilich noch nichts gewonnen. Ohne Stille und Kontemplation bleibt die Kirche genauso fruchtlos wie ohne das Feuer der Begeisterung. Sie bleibt fruchtlos ohne die Pflege der Erfahrung. Einmal mehr sind wir bei dem wichtigen Wort von Karl Rahner: Der Christ von Morgen wird ein mystischer Christ sein oder er wird nicht mehr sein.

84

Die Mystik des Nicht-Mystikers Karl Barth

Nihilisten glauben an nichts. Atheisten sind nicht identisch mit Nihilisten, denn Atheisten glauben durchaus an etwas, nämlich an einen Urgrund des Seins. Für sie ist allerdings dieser Urgrund kein personales göttliches Gegenüber, sondern eine Kraft des Zufalls. Für mich als Christ ist Gott ein personales Gegenüber, aber keineswegs der *Guy in the Sky* vieler Christen, den sie gebetstelefonisch erreichen, sofern seine Rufnummer nicht gerade besetzt ist, und der ihr Gebet entgegen seiner ursprünglichen Absicht schliesslich doch noch erhört, wenn sie ihn lange genug bestürmen. Mein Seinsgrund ist ein göttliches DU mit dem Angesicht Christi. Dieses DU kennt und liebt mich von Ewigkeit her und hat mich zu einem bestimmten Zweck, zeitgebunden, in einem menschlichen Leib in dieses Leben geschickt. Es gibt ein wunderbares jüdisches Du-Gebet. Martin Buber (1878-1965) hat es uns aus der mystischen Tradition der Chassidim überliefert.

Wo ich gehe – du!

Wo ich stehe – du!

Nur du, wieder du, immer du!

Du, du, du!

Ergeht's mir gut – du!

Wenn's weh mir tut – du!

Nur du, wieder du, immer du!

Du, du, du!

Himmel – du!

Erde – du!

Oben – du!

Unten – du!

Wohin ich mich wende, an jedem Ende
Du, du, du!

Nach Auffassung der Chassidim ist dieses göttliche Du als Gottesfunke in jedem Menschen vorhanden. Der Gottesfunke ist unser eigentliches Wesen, von dem unser Ego sich immer wieder loszulösen sucht. Diese Abspaltung ist das, was die Bibel Sünde nennt – das Leben am eigenen Wesen vorbei. Weil für den Mystiker alles, was ist, aus dem Urgrund Gott entsteht, ist jedes Lebewesen, jedes Tier, jede Pflanze und jeder Stein beseelt. Klimaaktivistinnen und -aktivisten sind bewusst oder unbewusst Mystiker, die Franz von Assisi auf ihrer Seite haben. Franz von Assisi sprach von Bruder Feuer, Schwester Licht, Bruder Sonne (*il sole*, männlich) und Schwester Mond (*la luna,* weiblich). Die jungen Bundesplatzbesetzerinnen und -besetzer in Bern waren durchaus bereit, sich auf ein Gespräch über Gott in der Natur und über biblische Texte einzulassen. Mystiker engagieren sich oft sozialpolitisch. Der Mystiker Thomas Merton sagte 1968 an seinem letzten Vortrag, zwei Stunden vor seinem Tod: «Die ganze Idee des Mitgefühls beruht auf dem klaren Bewusstsein der wechselseitigen Abhängigkeit aller Lebewesen, die alle Teil voneinander sind und in Beziehung miteinander stehen.» Die Jugendlichen auf dem Bundesplatz sprachen in ihrem Jugendjargon ganz ähnlich. Eine Kirche, die sich vor der Mystik nicht fürchtet, sondern sich ihr öffnet, hätte in ihnen gute Gesprächspartner.

Die Ostkirche ist eine durch und durch mystische Kirche. Es gab in der Sowjetunion keinen grösseren Gegensatz als orthodoxe Kirche und Kommunismus, und nach dem Zusammenbruch wandten sich die vom Kommunismus seelisch ausgetrockneten Russen ihrer Kirche wieder zu. In der Westkirche gab und gibt es sowohl mystische als auch antimystische Strömungen, im Protestantismus sind die antimystischen Strömungen stärker als in der katholischen Kirche. Als Studenten besuchten wir bei unserem Berner Kirchenhistoriker Kurt Guggisberg Vorlesungen über die Mönchsväter zur Römerzeit und über die mittelalterlichen Mystiker. Wir hatten unseren Kirchenhistoriker sehr gern, aber für Mystik hatte er nicht das geringste Verständnis. Mit süffisantem Lächeln berichtete er uns von Seltsamkeiten, über die wir Studenten nur den Kopf schütteln konnten. Die Mönchsväter waren im vierten Jahrhundert zu Tausenden in die Wüste gezogen. Sie lebten dort oft jahrelang in grosser Einsamkeit und kämpften mit Dämonen. Manchmal weinten sie auch einfach tagelang über ihre Sünden. Dämonenkämpfe und tagelanges Weinen, bis vor lauter Weinen die Augenbrauen ausfallen, das war für uns Studenten einfach lachhaft. Schockiert und angewidert waren wir von der mittelalterlichen Liebesmystik eines Bernhard von Clairvaux (1090-1153): *Ich finde keine Ruhe, bis Christus mich küsst mit dem Kuss seines Mundes. Ich bin dankbar, seine Füsse küssen zu dürfen, dankbar auch, seine Hand küssen zu dürfen, aber wenn er mich irgend gern hat, soll er mich küssen mit dem Kuss seines Mundes. Ich bitte, ich flehe, er soll mich küssen mit dem Kuss seines Mundes.* Kurt Guggisberg liess uns auch mit schauderndem Erschrecken teilhaben an der protestantischen Liebesmystik von Graf Nikolaus Ludwig von Zinzendorf (1700-1760), der eine erotische Mystik aus der Seitenwunde des gekreuzigten Jesus herleitete, das sogenannte Seitenhöhlchen, umgedeutet als weibliches Geschlechtsorgan für den Geburtsvorgang der Kirche; das Seitenhöhlchen sowohl als Geburts-, aber auch als Wollustorgan gesehen. Wenn das Mystik war, wollten wir damit nichts zu tun haben.

Auch während meiner zwei Basler Studienjahre wurde mein Verständnis für Mystik nicht gefördert. Von Karl Barth lernte ich, dass die innere Erfahrung der Mystik und das klare Wort Gottes sich ausschliessen. Ich bin nach wie vor dankbar für meine zwei Jahre an der Universität Basel. Die Dogmatik von Karl Barth hat mir ein solides Gerüst an dogmatischem Verständnis verschafft, das, was ich Notenblätter nenne; doch die innere Erfahrung, welche die Noten zu Musik werden liess, war durch das theologische Studium zunächst zugeschüttet worden. Allerdings sang ich nach wie vor gern das Zinzendorflied aus unserem Kirchengesangbuch:

Herz und Herz vereint zusammen
sucht in Gottes Herzen Ruh;
lasset eure Liebesflammen
lodern auf den Heiland zu.
Er das Haupt, wir seine Glieder,
er das Licht und wir der Schein;
er der Meister, wir die Brüder;
er ist unser, wir sind sein.

Karl Barth gilt allgemein als der grösste Theologe des zwanzigsten Jahrhunderts. Persönlich wage ich die Behauptung, dass er auch einer der humorvollsten Theologen war, was vor allem in den Gesprächsrunden im kleinen Kreis ausserhalb der Universität zum Ausdruck kam. Da konnten seine Augen vor Schalk nur so blitzen. Als ein amerikanischer Student ihm berichtete, sogar der Papst halte ihn für den grössten Theologen, grinste er und meinte: «Da muss ich mich ja geradezu fragen, ob der Papst vielleicht doch unfehlbar ist.» Von der Mystik grenzte er sich klar ab, doch war er in seiner antimystischen Haltung persönlich weniger konsequent als seine Anhänger. Er konnte lachend sagen: «Möge mich Gott vor meinen Freunden beschützen, mit meinen Feinden werde ich selber fertig.» Im hohen Alter liess er sich am Morgen nicht durch das klare Wort Gottes wecken, sondern durch Mozartmusik. Bei dieser Musik erlebte er das Einssein mit Gott. Das war seine Mystik. Fanatische Wort-Gottes-Theologen, die ihm das vorwarfen, nannte er mit humorvollem Lachen hartherzige Menschen. Im hohen Alter schlug er der Mystik gegenüber versöhnlichere Töne an. Ich erinnere mich an Aussagen, wonach die Theologie sich in Zukunft stärker mit dem Thema Heiliger Geist befassen werde.

Seine ursprüngliche Ablehnung der Mystik lässt sich verstehen, wenn man den deutschen Kirchenkampf bedenkt, bei dem die sogenannten *deutschen Christen* mit ihrer mystisch verbrämten Blut- und Boden- und Ariertheologie mit der *bekennenden Kirche* zusammenstiessen, deren theologisches Fundament und theologisches Waffenarsenal der Schweizer Theologe geschaffen hatte. Pfarrer und Theologieprofessoren, die von Barth her kamen, verweigerten demonstrativ den Treueeid auf Hitler und kamen ins Konzentrationslager. Karl Barth selber kam als Schweizer nicht in KZ, sondern wurde aus Deutschland ausgewiesen.

Heute leben wir in einer völlig anderen Zeit. Eine an geistlichen Erfahrungen weitgehend ausgetrocknete Kirche sieht sich mit Menschen konfrontiert, die nach geistlichen Erfahrungen hungern. So wie der katholische Theologe Karl Rahner sagen konnte: *Der Christ von morgen wird ein mystischer Christ sein, einer, der etwas erfahren hat, oder er wird nicht mehr sein*, so sagt auch der bekannte evangelische Theologe Jörg Zink: *Wenn das Christentum nicht seinen mystischen Hintergrund wieder entdeckt, hat es nichts mehr zu sagen.*

Kinder sind Mystiker

Kinder sind noch nicht sehr lange aus dem Einssein in diese Welt eingetreten, die sogenannte Realität hat sie noch nicht eingeholt. Sie werden hin- und hergerissen zwischen Bewunderung und Ängsten angesichts all des Neuen, das ihnen begegnet. Ein Gewitter kann Bedrohung oder etwas Wunderbares sein. Ich erinnere mich, dass ich als Kind nach einem Kegelbahnerlebnis nachts im Bett beim Gewitter Gott und den Engeln zuhörte, wie sie auf der himmlischen Kegelbahn die Kugeln rollen liessen. Jedes Donnergrollen entzückte mich.

Meine Kindheit war geprägt vom zweiten Weltkrieg. Nachts herrschte strikte Verdunkelung. Das bedeutet aber nicht, dass unsere Städte in pechschwarze Dunkelheit versunken wären: Am Himmel funkelten tausende von Sternen, wie man sie heute höchstens in den Bergen, in der Wüste oder auf dem offenen Meer noch sehen kann. Ich fühlte mich von dieser lichten Dunkelheit eingehüllt wie in einen Mantel voll leuchtender Punkte. Das Wort Universum kannte ich noch nicht, aber ich war Teil dieses lichtvollen Ganzen. Vermutlich rührt diese Erinnerung und Empfindung aus einer Augustnacht. Es war, als ob ein Sternschnuppenschauer liebevoll auf mich herabrieseln würde. Ich war Teil eines grossen Ganzen.

Das Einssein mit etwas Grösserem und Liebevollen erlebte ich ebenfalls, wenn ich nachts aufwachte, ins Zimmer der Eltern trippelte und mich zu ihnen ins Bett legte.

Kinder sind Mystiker. Mein eigener Ältester erzählte mir eines Morgens fröhlich, nachts sei Jesus zu ihm gekommen, habe sich bei ihm aufs Bett gesetzt und ihm eine Geschichte erzählt. Für viele Kinder ist der Wuschel-Teddy, den sie im Bett an sich drücken, eine göttliche Realität. Die Natur ist beseelt. Bäume können sprechen. Zwischen den Blumen huschen Elfen und Heinzelmännchen hin und her, im Wald bauen ihnen die Kinder aus Moos weiche Bettlein. Als Pfarrer habe ich die Konfirmanden

90

bewusst von solchen frühkindlichen Erlebnissen berichten lassen. Nicht selten waren es Zwerge oder Engel, welche nachts zu ihnen gekommen waren. Eine Konfirmandin berichtete mit leuchtenden Augen, wie ihr Zwerglein stark und mächtig gewesen sei und den bösen Räuber unter dem Bett vertrieben habe. Als wir in einer späteren Konfirmandenstunde das Thema Träume behandelten, deutete dasselbe Mädchen den Traum eines Mitkonfirmanden, der erzählt hatte, dass er in einem sich von Zeit zu Zeit wiederholendem Traum in der Wohnung seiner Eltern immer wieder auf ein Zimmer stosse, von dessen Existenz er gar nichts gewusst habe. Das Mädchen wies darauf hin, dass der Bursche das ungläubigste Mitglied der Konfirmandenklasse sei. Sie fragte ihn, ob er sich nicht vorstellen könne, dass das bislang unbekannte Zimmer der ausgesperrte Gott sein könnte. Der Konfirmand war über diese Deutung total überrascht und beglückt. Er beschloss, das göttliche Zimmer zu betreten und Gott kennenzulernen. In der Folge träumte er diesen Traum nie wieder.

Im Alter von zwölf Jahren befinden sich Jugendliche nicht mehr in der mystisch-magischen Kindheitsphase, aber bei mir war die Öffnung zur Mystik immer noch vorhanden. Eine mystische Erfahrung just in diesem Alter war der Grund dafür, dass ich schon als Kind Pfarrer werden wollte und es auch tatsächlich geworden bin. Für mein Theologiestudium bin ich unendlich dankbar, doch ist es dasselbe Studium, welches meine mystischen Erfahrungen aus der Kinderzeit zunächst einmal zuschüttete. Zu seltsam waren für mich die Mystiker mit ihren Dämonenkämpfen und erotischen Seitenhöhlchen. Von Karl Barth lernte ich ausserdem, dass ein Ich in einer Predigt nichts verloren habe, es gehe um das Wort Gottes und nicht um irgendwelche persönlichen mystischen Erfahrungen. *Soli Deo gloria.*

Theologiestudenten sind wie alle Studenten lustige junge Leute, die Gehörtes nach den Vorlesungen bei einem Glas – oder auch bei mehreren Gläsern – Bier ernsthaft oder auch spasshaft weiter verarbeiten. Die Mystik, das wussten wir von Barth, verdunkelte

91

die Souveränität Gottes und stellte den Menschen mit seinen Erlebnissen in den Vordergrund. Aber was war mit der orthodoxen Kirche, die – auch das hatten wir gelernt – eine mystische Kirche war? Was war aus der russisch-orthodoxen Kirche hinter dem Eisernen Vorhang geworden? Hatte sie nicht gerade dank ihrer Mystik überlebt? Gegen den kommunistischen Staat konnte sie sich nicht erheben. Predigt war nicht wichtig, Hauptsache, sie hatte diese geheimnisvolle Liturgie, die uns Studenten an das mystische Zeugs mit Seelenbräutigam und Seitenhöhlchen erinnerte. Wir brachen in schallendes Gelächter aus und bestellten ein weiteres Bierchen. Dem Patriarchen der russisch-orthodoxen Kirche müsste man schreiben und ihn fragen, wie das denn mit dieser Mystik und der orthodoxen Liturgie sei. Dem Patriarchen einen Brief schreiben. Wieder lachten wir laut heraus. «Das werde ich tun», erklärte ich, «ich werde dem Patriarchen schreiben.» Tosendes Gelächter. «Der Patriarch wird diesen Brief gar nicht erhalten», meinten meine Kollegen, «und wenn er ihn doch erhält, wird er ihn nicht beantworten.» Wieder lachten alle.

Doch ich schrieb tatsächlich einen Brief an seine Heiligkeit Alexej I., Patriarch von Moskau und Allrussland – auf Deutsch. Und ich bekam eine Antwort – ebenfalls auf Deutsch. Seine Heiligkeit schrieb, wenn ich mich für die orthodoxe Kirche interessiere, könnte ich durch eine Teilnahme an der Allchristlichen Friedensversammlung vom 16. bis 19. April 1959 russische Mönche und Priester kennenlernen. Diese Konferenz galt zwar in den westlichen Medien als kommunistische Tarnorganisation, doch zum Organisationskomitee gehörten namhafte deutsche Theologen wie Helmut Gollwitzer und Martin Niemöller. Ich nahm die Einladung des Patriarchen an. Unter den sechshundert Teilnehmern gab es mehrere Schweizer, u.a. Professor Walter Hollenweger und den Direktor des HEKS, Heinrich Hellstern, sowie den persönlichen Freund von Karl Barth, Gefängnispfarrer Martin Schwarz. Dieser nahm mich in seinem Wagen mit nach Prag. An der Friedenskonferenz heftete ich mich an die Fersen der russischen Prälaten, vor allem des jungen Pater Juwenalj, der gut

92

deutsch sprach. Dass es die Mystik war, welche diese Prälaten ausstrahlten und mich anzog, war mir damals nicht bewusst.

Der Präsident des Bundes russischer Baptisten, Alexander Karev, nahm sich meiner an. Er drückte mir die Adresse einer österreichischen kommunistischen Reisegruppe in die Hand. Mitglieder dieser Reisegruppe würden bei der Einreise in die Sowjetunion nie nach verbotener Literatur durchsucht, berichtete er. Bibeln seien in der Sowjetunion Mangelware, die Gemeindeglieder seien gezwungen, die Bibel von Hand abzuschreiben. Als junger Abenteurer liess ich mich von Alexander Karev gern verführen, und so wurde ich Schmuggler. Meine Schmuggelware bestand aus im Westen gedruckten russischen Bibeln, gesponsert von einem Schweizer Industriellen. In der Sowjetunion bewegte es mich sehr, in den Baptistengottesdiensten die Gottesdienstteilnehmer mit ihren Bündeln von Papierseiten mit von Hand niedergeschriebenen Bibelversen zu sehen. Einmal entdeckte eine Hotelangestellte meine sorgfältig versteckten Bibeln und bestahl mich, kam dann aber weinend zu mir und gestand, dass sie die Diebin sei. Selbstverständlich überliess ich ihr die gestohlene Bibel. Ich war gezwungen, mich an die Reiseroute der österreichischen Jugendorganisation zu halten, doch in jeder Stadt verfügte ich über Adressen, die mir Alexander Karev gegeben hatte, wo ich meine Schmuggelware abliefern konnte.

Die orthodoxen Christen wussten nichts von meiner Tätigkeit als Schmuggler. Sie freuten sich an der Schweizer Schokolade, die ich ihnen brachte. Die orthodoxen Gläubigen waren für ihr geistliches Überleben nicht auf Bibeln angewiesen, sondern auf die Ikonen, welche ihnen den Blick in die unsichtbare Welt ermöglichten. Durch Pater Juwenalj nahm ich an den orthodoxen Gottesdiensten mit ihren mystischen Gesängen teil.

Durch meine Begegnungen mit Christen in dem atheistischen Staat begannen meine mystischen Erfahrungen aus der Kinderzeit, welche durch Studentenspott und Karl Barths Wort-Gottes-Strenge zugeschüttet worden waren, wieder zu glimmen. Im fünften Jahr meiner Tätigkeit als junger Pfarrer brauchte es daher nur noch die Begegnung mit *Mr. Pentecost*, Herrn Pfingsten, wie der Pfingstler David du Plessis genannt wurde, damit ich eine zweite spirituelle Erfahrung machen konnte. Durch *Mr. Pentecost* kam ich in Kontakt mit der charismatischen Bewegung. Als ich im Zusammenhang mit dieser Bewegung Professor Walter Hollenweger wieder begegnete, lachte dieser und meinte: «Dass du früher oder später bei den Charismatikern landen würdest, ahnte ich, als ich sah, wie du an der Prager Friedenskonferenz nicht von diesen russischen Mystikern lassen konntest.»

Walter Hollenweger (1927-2016) war in jungen Jahren Laienprediger in der Schweizer Pfingstmission. Später holte er die Maturität nach und studierte in Zürich und Basel Theologie. In Birmingham erhielt er eine Professur für interkulturelle Theologie mit dem Spezialgebiet Pfingstkirche, charismatische Bewegung und Kirchen der Dritten Welt. In Deutschland wurde er bekannt an den deutschen Kirchentagen durch seine dramaturgischen und musikalischen Inszenierungen von Bibeltexten, in denen sowohl seine akademischen Kenntnisse der historisch-kritischen Bibelauslegung als auch sein pfingstliches Erbe zur Geltung kamen. In den reformierten Kirchen gehen die Segnungs- und Heilungsgottesdienste mit Salbung der Kranken auf ihn zurück.

Sehr lesenswert ist sein umfangreiches Werk:

Enthusiastisches Christentum
Die Pfingstbewegung in Geschichte und Gegenwart

Gewidmet
Meinen Freunden und Lehrern aus der Pfingstbewegung,
die mich die Bibel lieben,
und meinen Freunden und Lehrern aus der reformierten Kirche,
die sie mich verstehen lehrten.

Von Blattläusen und Marienkäferchen

An besonders schönen Aussichtspunkten findet man ab und zu eine Tafel mit einem kurzen Lobpreis und einem Dank an Gott. Diese Dankestafeln wurden von Frauen der evangelischen Marienschwestern angebracht, die ihren Hauptsitz in Darmstadt haben. Zu ihrem Kloster gehört ein Garten, der ihnen zur Selbstversorgung mit eigenem Biogemüse dient. In einem Jahr wurde die Selbstversorgung durch eine Blattlausplage gefährdet. Die Schwestern befanden sich gerade in einer schwierigen Aufbauphase ihrer Gemeinschaft, wie sie berichteten. Die häufig gewordenen Auseinandersetzungen und Streitereien verstärkten sich, als einige Schwestern die Blattläuse mit Gift bekämpfen wollten. Dagegen wehrten sich die Biovertreterinnen mit aller Heftigkeit. Mutter Basilea Schlink, die Tante des bekannten Schriftstellers Bernhard Schlink, musste schlichtend eingreifen. Sie ordnete an, die Streithennen müssten sich beieinander entschuldigen. Das taten diese denn auch in gläubigem Ernst. Es entstand eine Atmosphäre der Innigkeit. Für den Augenblick dachte niemand mehr an die Blattläuse und deren Bekämpfung. Doch nun wurden die Schwestern Zeugen eines Naturereignisses. Es fand eine Invasion von Marienkäferchen statt, welche mit Heisshunger über die Blattläuse herfielen.

In Römer 8,19ff. steht ein Wort, das auf viele wirkt wie Blätter mit unverständlichen Musiknoten, wenn sie wie ich Noten nicht lesen können.

Denn die Natur stellt sich voller Neugier auf die Zehenspitzen, um zu sehen, wie die Söhne und Töchter Gottes endlich tatsächlich Kinder Gottes werden. Denn der Nichtigkeit wurde die Natur unterworfen, nicht freiwillig, sondern um dessen willen, der sie ihr unterwarf, auf die Hoffnung hin, dass auch die Natur selbst befreit werde von der Knechtschaft des Verderbens zur Freiheit der Kinder Gottes. (Übersetzung von mir)

Wenn man die Marienschwestern von diesem Ereignis berichten hört, wird aus den toten Notenblättern wunderbare Musik. Sie haben das erlebt. In der Natur hat alles seine Zusammenhänge. Wenn Menschen, in denen die Göttlichkeit am stärksten ausgeprägt ist, das tun, was Steine, Pflanzen und Tiere nicht tun können, nämlich Unordnung in Ordnung bringen, sich miteinander versöhnen und den Kosmos mit Liebe erfüllen, dann kommt auch die Natur in Ordnung und Marienkäferchen bringen die Blattläuse zum Verschwinden. Wir intelligente Menschen können wohl weitere technische Erfindungen machen, welche den CO_2-Ausstoss verringern, aber ein weltweit gutes Klima wird sich nur einstellen, wenn wir neue Menschen werden.

Einer der heutigen Mystiker, Willigis Jäger, Benediktiner und Zen-Meister, vergleicht den Urgrund des Seins, den wir Gott nennen, mit einem Fischernetz. Im Kosmosnetz ist keine Masche isoliert. Ganz gleich, an welcher Ecke des Netzes man zieht, das ganze Netz gerät in Bewegung. Die Leserinnen und Leser erinnern sich an den Zusammenhang zwischen der Haltung der Vergebung des Stephanus bei seiner Steinigung und dem Damaskuserlebnis von Paulus, der sich an der Steinigung beteiligt hatte. Wenn wir mit dem Urgrund des Seins eins sind, unser Selbst in Gott gefunden haben, hat das seine Auswirkungen bis in die Natur und auf das Schicksal von Menschen.

Was für eine Zukunft hat die Kirche?

Die reformierte Kirchgemeinde Felsberg im Kanton Graubünden will ihre Kirche umgestalten. Die Kirchenbänke werden entfernt, der Pfarrer oder die Pfarrerin soll nicht mehr auf der Kanzel stehen und auf die Gottesdienstbesucher herabpredigen, sondern geplant ist ein 9 Meter langer Tisch, um den sich die Gemeinde wie um einen Familientisch versammelt. Die Gemeinde will Familie sein.

Zur Zeit des Neuen Testaments nannten sich die Christen immer Brüder und Schwestern. In den Freikirchen ist die Gemeinschaft stärker entwickelt als in der Landeskirche. Meine Frau und ich wohnen direkt neben einer freikirchlichen Kapelle, und wir waren dort auch schon im Gottesdienst. Die Predigt entspricht nicht gerade dem, was ich von einer Predigt erwarte, aber das ist vermutlich bloss mein Prediger-Hochmut, der so empfindet. Was ich an dieser Freikirche jedoch bewundere, ist die Gemeinschaft. Davon könnten wir Landeskirchler uns durchaus ein Stück abschneiden. Es kommen viele junge Familien in den Gottesdienst. Junge Männer und Frauen gehen in das nahegelegene Alters- und Pflegeheim und holen alte gebrechliche Menschen in ihren Rollstühlen in den Gottesdienst und zum Kirchenkaffee oder zum Mittagessen. Die Gemeindeglieder fühlen sich auch sonst gegenseitig füreinander verantwortlich. Das nenne ich christliche Gemeinschaft. Ich nehme an, dass die Bündner Kirchgemeinde Felsberg mit ihrem langen Tisch die Absicht hat, das Gemeinschaftliche in den Mittelpunkt zu stellen. Ich wage die Behauptung: *Die Kirche der Zukunft wird eine verbindliche Gemeinschaft sein oder sie wird nicht mehr sein.*

Beim Googeln über die Kirchgemeinde Felsberg bin ich auf eine Predigt des Ortspfarrers gestossen, die ich den Leserinnen und Lesern nicht vorenthalten will. Es ist eine Geschichte aus der buddhistischen Mystik:

«Als der Zen-Meister Shichiri Kojun eines Abends meditierte, drang ein Dieb mit einem scharfen Schwert in sein Haus und

98

forderte Geld oder Leben. Furchtlos entgegnete Kojun: 'Stör mich nicht. Nimm das Geld, es liegt in der Schublade.' Und er setzte die Meditation fort. Als der Dieb das Geld an sich genommen hatte und gehen wollte, unterbrach der Meister seine Meditation mit den Worten: 'Nimm bitte nicht das ganze Geld, damit ich morgen meine Steuern bezahlen kann.' Der Dieb legte etwas Geld in die Schublade zurück und schickte sich an zu gehen. Da rief der Meister: 'Du nimmst mein Geld und bedankst dich nicht einmal? Das ist sehr unhöflich.' Der Dieb sprach kopfschüttelnd seinen Dank und zog davon. Ein paar Tage später wurde er gefasst und unter anderem des Diebstahls in Kojuns Haus beschuldigt. Als dieser als Zeuge aufgerufen wurde, sprach er: 'Nein, dieser Mann hat mir nichts gestohlen. Ich gab ihm das Geld, und er hat sich dafür sogar bedankt.' Der Dieb war so bewegt, dass er seine Tat bereute. Nach seiner Entlassung aus dem Gefängnis wurde er Schüler des Meisters, und viele Jahre später erreichte er die Erleuchtung.»

Doch zurück zur Kirche in Felsberg mit ihrem Familientisch. Die Kirche in Europa wird eine klein gewordene Familienkirche sein. Sie wird aus Schülern bestehen. Das griechische Wort für Schüler wird im Neuen Testament meistens mit *Jünger* übersetzt. Jünger sind Schüler. Die Kirche der Zukunft wird aus lernfähigen Mitgliedern bestehen. Sie wird weiterhin eine Kirche sein, in deren Mitte die Person Christi steht, so wie wir ihn aus der Bibel kennen. Die Schülerinnen und Schüler werden aber auch von andern Christen lernen, die Gott erfahren haben. Sie werden von Gemeinden lernen, welche Erfahrungen machen wie meine Brüder und Schwestern in Segunda Jerusalén. Sie werden an afrikanischen Universitäten studieren, zum Beispiel bei der Kirche des Propheten Simeon Kimbangu, die Mitglied des ökumenischen Weltkirchenrats ist. Sie werden die historisch-kritische Auslegung der Bibel nicht verleugnen, aber sie wird für sie nicht mehr Evangelium sein, sondern blosse Arbeitsmethode. Sie werden sich mit der Parapsychologie befassen und die Dokumente, welche Begegnungen mit Verstorbenen bezeugen, studieren. Die

Mitglieder der künftigen Kirche werden keine Hemmungen mehr haben, von solchen Begegnungen zu berichten, welche ganz viele Menschen haben, derzeit jedoch noch tunlichst verschweigen aus Angst, man werde ihnen nicht glauben und sie zum Psychiater schicken. Mit der Öffnung zu dieser Dimension hin werden die Priester und Priesterinnen, Pfarrer und Pfarrerinnen die Trauerfeiern anders gestalten. Heute kommt den Trauernden in den Abschiedsfeiern anstatt Trost und Kraft nicht selten schlicht und einfach die Verlegenheit der Pfarrperson in dieser Frage entgegen. Die Auferstehung Christi wird in Zukunft wieder ihre zentrale Stellung erlangen. Ohne die Auferstehung Christi wäre die Kirche gar nicht erst entstanden. Die Schülerinnen und Schüler Christi werden im Gespräch viel sogenannt Rationalistisches entlernen und sich neuen Tatsachen öffnen müssen.

Die Christen der Kirche der Zukunft werden aber nicht nur von anderen Christen, sondern auch von Anhängern anderer Religionen lernen. In Bern gibt es bereits das Haus der Religionen, in welchem die verschiedenen Religionen ihre Gottesdienste in je eigenen Räumen feiern, aber miteinander im Gespräch sind.

Im Kanton Bern waren die Pfarrpersonen der evangelisch-reformierten, der römisch-katholischen und der christkatholischen Kirche bis vor Kurzem vom Staat besoldete Staatsangestellte. Seit das nicht mehr der Fall ist, ist das landeskirchliche System arg ins Wanken geraten. Ich selber war noch voll und ganz Profiteur des alten Systems. Über den Verlust der Position als Landeskirche werden wir jedoch einmal genauso urteilen wie Papst Franziskus in einem Gespräch mit einem Rabbiner über den Verlust des Kirchenstaates: Der Papst drückte die Erkenntnis aus, der Kirchenstaat sei wegen seiner Verbindung von weltlicher und geistlicher Macht eine Deformation des Christentums gewesen. Er fand, der Verlust des Kirchenstaates sei eine gute Sache.

Die Kirche der Zukunft wird nicht mehr am staatlichen Tropf hängen. Steuertechnisch wird sich ein System durchsetzen, wie es sich im ursprünglich streng katholischen Italien bewährt hat: In

100

Italien wurde die Kirchensteuer von einer Solidaritätssteuer abgelöst. Die Steuerpflichtigen dürfen frei entscheiden, welche kulturelle oder soziale Organisation oder Körperschaft ihre Solidaritätsgelder erhalten soll. Ich kenne katholische Italiener, welche auf diese Weise die soziale Arbeit der Waldenserkirche unterstützen.

Verschwinden wird bei uns auch der landeskirchliche Überrest der Ortsansässigkeitsmitgliedschaft, wonach landeskirchliche Christen nur in derjenigen Kirche volle Mitgliedschaft haben, in deren Umgebung sie wohnberechtigt sind. Sprachlich ist dieses Prinzip bereits durchbrochen. Ich wohne in Muri/Gümligen. Meine Frau und ich sind folglich Mitglieder dieser Kirchgemeinde, die eine deutschsprachige Gemeinde ist. Wären wir aber französischer Muttersprache oder hätten eine Neigung zur französischen Kultur, dürften wir die Mitgliedschaft in der Französischen Kirche Bern beantragen. In Zukunft werden die Leute nicht mehr unbedingt Mitglieder ihrer Ortskirche sein, sondern Mitglieder einer Gemeinde, welche ihrer Glaubensausrichtung am besten entspricht. Sie werden gemäss ihrer Einstellung Mitglieder einer konservativen, liberalen, sozialpolitischen oder meditativen Kirche oder Mitglieder einer Anbetungsgemeinde sein.

In einer Kirche der Zukunft werden sich die konfessionellen Grenzen noch stärker auflösen, als es heute bereits der Fall ist. Gemischtkonfessionelle Paare gehen am Sonntag heute schon abwechslungsweise in den katholischen oder den evangelischen Gottesdienst. In den reformierten Kirchenchören singen Katholiken mit und umgekehrt. Die Sehnsucht nach einem gemeinsamen Sprecher für die gesamte Christenheit wird immer stärker. Der Fachbegriff, der einen gemeinsamen Sprecher bezeichnet, heisst Petrusdienst. Die Päpste nehmen diesen Dienst für sich in Anspruch. In der Vergangenheit stützten sie sich dabei vor allem auf Matthäus 16,18-20: *Du bist Petrus, und auf diesen Felsen will ich meine Kirche bauen, und die Pforten des Totenreichs werden sie nicht überwinden. Ich will dir die Schlüssel des Reiches der*

Himmel geben; und was du auf Erden bindest, das wird in den Himmeln gebunden sein, und was du auf Erden lösen wirst, das wird in den Himmeln gelöst sein. Aufgrund dieses Wortes, von dem die meisten Forscher sagen, dass es Jesus von der späteren Kirche in den Mund gelegt worden sei, beharrten die Päpste auf ihrem Machtanspruch. Orthodoxe und evangelische Christen konnten das nie akzeptieren, heute stellen vermehrt auch Katholiken, selbst Päpste, diese Interpretation infrage.

Papst Johannes Paul II., der in den Augen seiner polnischen Landsleute als ökumenisch offen galt, in deutschen und schweizerischen Augen dagegen als nicht besonders ökumenisch erlebt wurde, definierte den Petrusdienst von Lukas 22,32 her. Dort sagt Jesus zu Petrus: *Simon, Simon, ich habe für dich gebetet, dass dein Glaube nicht aufhöre; und du, wenn du dich einst bekehrst hast, stärke deine Brüder.* Stärke deine Brüder – und Schwestern –, das können Christen anderer Konfessionen gern annehmen. Den Hinweis, dass Jesus zu Petrus sagt, *wenn du dich einst bekehrt hast,* nahm auch Johannes Paul II. ernst. Er forderte die Christenheit auf, für die Bekehrung des Bischofs von Rom zu beten. Ich nehme an, dass er damit an die Weiterentwicklung des Papsttums zu mehr Demut und Weisheit dachte. Der Petrusdienst – die Stärkung der Brüder und Schwestern – könnte für die gesamte Christenheit in der Tat ein grosser Segen sein. In nicht allzu ferner Zukunft wird es sogar ein Petradienst sein dürfen.

Katholiken, Orthodoxe und Protestanten in Europa verfügen über wunderbare Kirchen und Kathedralen. In der protestantischen Theologie sind Kirchen keine heiligen Orte, sondern lediglich Versammlungsräume. Heilig sind in der protestantischen Theologie die versammelten Menschen. Doch protestantische Theologie hin oder her, selbstverständlich sind die alten Kirchen und Kathedralen geheimnisvolle heilige Orte. Da gibt es bunte Glasfenster, Fresken und Bilder, welche die Geschichte von Menschen aus der Bibel oder aus der Kirchengeschichte erzählen. Die Besucherinnen und Besucher spüren auch die Gottesdienste,

Gesänge und Gebete der Menschen, die durch die Jahrhunderte in diesen Räumen gebetet haben. Und wenn es dann sogar noch nach Weihrauch duftet und ein ewiges Lichtlein brennt, wird es erst recht heilig und geheimnisvoll. Auch Leute, die meinen, mit dem Glauben nichts anfangen zu können, werden von diesen geheimnisvollen Räumen magisch angezogen und setzen sich gerne in solche Kirchen. Experten bieten Kunstreisen an. Sie machen das so geschickt, dass die Teilnehmerinnen und Teilnehmer unwillkürlich in meditative Stimmung versetzt werden und mit Gott in Berührung kommen.

Ein ähnlicher spiritueller Schatz ist die Kirchenmusik. Wenn Menschen selbst in einem weltlichen Konzertsaal bei Bach oder Händel zu Tränen gerührt werden, haben sie eine Gotteserfahrung gemacht – und das erst recht, wenn diese Konzerte in einem Kirchenraum stattfinden, wo geistliche Klänge und geheimnisvoll heiliger Raum zusammen wirken.

Es gibt noch vieles zu überwinden. Ich habe im Berner Münster vor noch nicht allzu langer Zeit einen Gottesdienst mit Kantaten aus einer Mozartmesse erlebt. Das war sehr schön, doch seltsamerweise wurde das Abendmahl erst nach den Kantaten gefeiert. Offenbar hatten die Verantwortlichen nicht den Mut, die Mozartmesse, die ja das Abendmahl beinhaltet, auch tatsächlich mit dem Abendmahl zu verbinden. Im ersten Teil des Gottesdienstes waren die Anwesenden sehr bewegt gewesen, im zweiten Teil gingen sie nüchtern schweizerisch-zwinglianisch zum Abendmahl. Problemlos wurden dagegen im Berner Münster die im Kloster Fahr hergestellten liturgischen Altartücher eingeführt. O pardon, ich meine natürlich Abendmahlstischtücher. Kirchen bleiben lernfähig.

In der Kirche Scherzligen bei Thun, die vor der Reformation eine Marienkirche war, wagen sie es, rings um das Datum von Mariä Himmelfahrt, also um den 15. August herum, wieder Marienfeiern durchzuführen. Die Kirche ist so gebaut, dass im August das frühmorgendliche Sonnenlicht auf ein altes Marienfresko fällt. In den Kirchen spürt man deutlich, was die Menschen in früheren Zeiten glaubten. Kirchenbauten aus dem zwanzigsten Jahrhundert hinterlassen manchmal den Eindruck, es handle sich um einen blossen Vortragsaal. Die altehrwürdige Kirche Scherzligen hingegen ist eine Stätte mit einem besonderen Kirchenasyl. Hier hat man einer Mutter mit ihrem Kind Zuflucht gewährt. Mutter und Kind standen vor der Reformation wohl im Elsass oder in Süddeutschland auf einem Altar. Vor den Bilderstürmen wurden sie gerettet, vielleicht vergraben, später wanderten sie von Trödler zu Trödler, bis sie von einem reformierten Zürcher Madonnensammler aufgekauft wurden und in die Schweiz kamen. Die Villa in Zürich muss mit all den Madonnen im Treppenhaus, im Schlafzimmer, im Flur und im Esszimmer ein Vielmädelhaus gewesen sein. Jahrelang hatten die Mädels es gut, und nachts, wenn die Familie des Madonnenliebhabers schlief, konnten die Jungs in dem grossen Haus herumtollen. Doch es kam der Tag der Trennung. Der Kunstsammler starb, seine Tochter suchte neue Standorte für die Madonnen. Die einen kamen in ein Museum, andere zu Privatleuten. Für das Glanzstück hatte die Tochter eine ehemalige Marienkirche vorgesehen, die Kirche Scherzligen. Die Kirchgemeinde war in Verlegenheit. Eine Himmelskönigin mit Krone in einer reformierten Kirche ... So etwas konnte man nur verstecken. Doch bei besonderen Anlässen mit dem Thema Maria gedachte man ihrer und liess sie aufmarschieren. Die Gemeinde gewöhnte sich an die gelegentlich auftretende Maria und fand, es sei doch schade, sie nicht dauernd zu sehen. Und so fanden Mutter und Kind einen würdigen Platz und es gibt dauernd Anlass zu guten Gesprächen.

Es gibt Kirchgemeinden, welche ihre Kirchen auf gute Art und Weise der heutigen Zeit anpassen. Am Trafalgar Square in London steht die berühmte anglikanische Kirche St. Martin's in the Fields, wo auch Tessiner Künstler in den Stuckaturen ihre Spuren hinterlassen haben. St. Martin's ist weit über England hinaus bekannt wegen der Konzerte, die von dort in alle Welt ausgestrahlt werden. Im Untergeschoss der Kirche befindet sich eine grosse

104

Krypta, welche seit den Sechzigerjahren des vergangenen Jahrhunderts zweigeteilt ist. Im einen Teil setzen sich gutbetuchte Stadtbesucher unter den wachsamen Augen der Heiligen auf den Bildern zu einem köstlichen Mahl. Mit dem dafür eingenommenen Geld finanziert die anglikanische Gemeinde ihre Obdachlosenhilfe und lässt diese Menschen im andern Teil der Krypta an denselben Mahlzeiten teilhaben wie die Reichen.

London ist die einzige grosse europäische Stadt, in welcher die Kirchen in den letzten Jahren wieder mehr Eintritte als Austritte verzeichneten. Wer's nicht glaubt, google *Londons Kirchen wachsen*. Er oder sie wird zweierlei feststellen: Das Wachstum betrifft vor allem die anglikanische Kirche, und unter den anglikanischen Gemeinden sind es wiederum die missionarischen Kirchen, welche am Wachsen sind. Beim Wort *missionarisch* verwerfen Mitglieder der Noch-Landeskirche allerdings abwehrend die Hände, unter ihnen selbst Pfarrerinnen und Pfarrer: «Missionieren – um Himmels willen, nein! Die Menschen *selbstlos* begleiten, ja», sagen sie, «aber ohne zu missionieren!» *Selbstlos* kann in dieser antimissionarischen Haltung jedoch dazu führen, dass das Selbst dieser nicht missionierenden Christen das Selbst der zu Begleitenden nicht berührt. Es sind Gespräche von Ego zu Ego, nicht von Tiefe zu Tiefe.

Einer unserer Söhne ist als Verkäufer von medizinischen Apparaten tätig, welche die Ärzte für ihre chirurgischen Eingriffe benötigen. Er ist selber weder Chirurg noch sonst Arzt, doch er muss bei der Vorführung dieser Geräte die Ärzte in den Operationssaal begleiten und ihnen zeigen, was sie tun sollen. Während der Coronazeit musste er sich vor jeder Operation vollständig umziehen. Dabei stand er dem anzuleitenden Arzt ab und zu bereits in der Garderobe gegenüber, beide in den Unterhosen, aber selbst in den Unterhosen im Gespräch über die Apparate. Mein Sohn ist ein guter Verkäufer, die Ärzte stellen fest, dass die Geräte, die er anbietet, in ihrer Hand Leben retten können. Missionierung ist nicht – darf und soll nicht sein – ein Aufschwatzen oder

105

Aufzwingen von Glaubenswahrheiten. Es ist ein Weitergeben von zutiefst persönlichen Erfahrungen. Vielen ist das zu intim. Sie sind, bildlich gesprochen, nicht bereit, einander in Unterhosen zu begegnen. Das blosse Erklären von Dogmen und Bibelworten, das geht auch im dicksten Wintermantel, doch bei der Gotteserfahrung steht man buchstäblich in den Unterhosen da. Der Christ von morgen wird jedoch ein mystischer Christ sein, einer der etwas erfahren hat, und er wird schutzlos dastehen, buchstäblich in Unterhosen.

Die Kirche auf dem Markt

L'Eglise qui ne missionne pas, démissionne. Das war die Devise eines reformierten Pfarrers aus Frankreich, mit dem ich jahrelang zusammengearbeitet habe. «Die Kirche von morgen wird eine missionarische Kirche sein oder sie wird nicht mehr sein.»

Aber braucht es uns Kirchenleute denn heute überhaupt noch? Würde etwas fehlen, wenn es uns nicht mehr gäbe? Das ist eine typisch europäische Frage. In der Dritten Welt, wo die staatlichen Instanzen oftmals nicht mehr funktionieren, würde ohne die Kirchen alles zusammenbrechen. Auch in Europa wäre vieles gar nicht erst entstanden, wenn die Kirchen es nicht aufgebaut hätten, sodass der Staat es später übernehmen konnte: Spitäler, Schulen, Armenfürsorge und vieles mehr.

Heute erfreuen sich die Kirchen in Europa nicht gerade grosser Beliebtheit. Wenn ich die Vorwürfe anerkenne, die an die Adresse der Kirche gerichtet werden, nämlich dass das Christentum mit seinem biblischen Schöpfungsbericht mitschuldig ist an der Zerstörung der Umwelt durch grenzenlose Ausbeutung von Grund und Boden, Bodenschätzen, Wasser, Wäldern, Tieren und weniger privilegierten Menschen, stimmen mir viele Zeitgenossen sofort zu. «Genauso ist es», sagen sie, «das ist diese Bibel mit ihrer Aufforderung: *Macht euch die Erde untertan.* Das haben wir bis zum Geht-nicht-mehr getan.» Wenn ich dagegen darauf hinweise, dass die Kirche den geistigen Grund gelegt hat für die Entwicklung der Wissenschaft und den Fortschritt der Technik, indem sie Sonne, Mond und Sterne, Erde, Bäume, welche als mächtige Götter gegolten hatten, entthronte und zu Naturgegebenheiten erklärte, die man erforschen und sich untertan machen konnte, werden dieselben Leute, die mir bei der durch Kirche ausgelösten Umweltzerstörung zustimmen, das aufs entschiedenste bestreiten. Sie wollen nicht sehen, dass die Entwicklung von Wissenschaft und Technik und die Umweltzerstörung zwei Seiten derselben Medaille sind.

Die Kirchen hatten in der Vergangenheit eine unglaubliche Wirkung, positiv und negativ. Doch wir leben in einer anderen Zeit. Gilt jetzt mit Schiller: *Der Mohr hat seine Schuldigkeit getan, der Mohr kann gehen?* Ist es jetzt genug mit der nicht zu bestreitenden Schuld der Kirche, aber auch mit ihrer Segenswirkung? Soll Sankt Mohr verschwinden? Braucht es uns nicht mehr? Oder braucht es uns im Gegenteil jetzt erst recht?

Am 15. November 2015 rief Papst Franziskus im Angelusgebet Frankreich zu: «France, fille aînée de l'Eglise, reste fidèle à la promesse de l'Evangile.» Der Papst sprach diese Worte im Rahmen seiner Beileidsbezeugung an das französische Volk nach dem islamistischen Terroranschlag auf das Theater Bataclan während eines Konzerts und auf das Fussballstadion Stade de France, dem 130 Menschen zum Opfer fielen. Am wenigsten Tote gab es im Fussballstadion, da es den Terroristen nicht gelungen war, sich Eintritt zu verschaffen, und die Detonation vor den Eingangstoren erfolgte. Im Fussballstadion fand ein Freundschaftsspiel Deutschland-Frankreich mit 80'000 Zuschauern statt, unter ihnen der damalige französische Präsident François Hollande und der damalige deutsche Aussenminister Frank-Walter Steinmeier, später Bundespräsident der Bundesrepublik. Geplant gewesen waren mehrere Anschläge zur selben Zeit. Im Bataclan-Theater war der Eintritt den Attentätern unbemerkt gelungen. Sie schossen mit Kalaschnikows in die Menge und warfen Handgranaten. Aber die Botschaft von Papst Franziskus verfehlte ihre Wirkung nicht. Ein junger Vater, der bei seinen kleinen Kindern zuhause geblieben war, damit seine Frau an das Konzert hatte gehen können, und die dort ums Leben gekommen war, veröffentlichte aufgrund des päpstlichen Aufrufs zur Treue dem Auftrag Christi gegenüber eine Botschaft, die auf allen Fernseh- und Radiostationen gesendet und in allen Zeitungen veröffentlicht wurde. Er schilderte seine Not und Trauer, die Verzweiflung der Kinder, er verband sie mit dem Schmerz und dem Entsetzen der Angehörigen aller Opfer. Aber er durchschaute die Pläne der Terroristen, in ganz Frankreich und Europa Hass zu säen. Er rief den Terroristen zu: «Diesen Gefallen,

108

die Muslime oder auch nur euch Terroristen zu hassen, werden wir euch nicht erweisen.» Ich habe den genauen Text der Botschaft dieses Ehemannes und Vaters nicht mehr gefunden und zitiere aus dem Gedächtnis. Aber es war eine zutiefst christliche Botschaft der Versöhnung. Eine Botschaft, welche die heutige Welt dringend braucht.

Menschen, die sich von ihrem göttlichen Funken abspalten, spalten sich auch voneinander ab. Unser Land war schon lange nicht mehr so gespalten wie seit der Coronapandemie. Geimpfte und Ungeimpfte geraten aneinander, und dem Bundesrat, der trotz Fehlern in dieser schwierigen Zeit eigentlich sehr gute Entscheidungen getroffen hat, schlägt Hass entgegen. Menschen in der Abspaltung scheinen dem Wahnsinn zu verfallen. Ein Genfer Tennisspieler, auf dessen Sieg gewettet worden war, musste sich und seine Angehörigen verstecken, weil er nicht gesiegt hatte und der Mann, der auf ihn gesetzt und zweitausend Franken verloren hatte, ihm mit der Ermordung drohte, wenn er nicht von ihm das verlorene Geld zurückerhalte. In Iran haben Menschen in der grössten Hitzeperiode seit fünfzig Jahren nicht einmal mehr Trinkwasser, weil dieses in die Industriebetriebe abgeleitet wurde.

Für eine Welt, die auf dem Kopf steht, und für Menschen, deren Ego sich von ihrem Selbst abgespaltet hat, ist die Botschaft von Jesus Christus das beste Mittel auf Weg zur Ganzheitlichkeit, sofern diese Botschaft als Musik geboten und nicht in Form dogmatischer Notenblätter herumgereicht wird. Evelyn Underhill, eine englische Anglikanerin, die über christliche Mystik forschte, bringt einen ähnlichen Musikvergleich wie ich, jedoch ohne Notenblätter. Sie sagt: «Viele Christen sind wie gehörlose Menschen in einem Konzert. Sie studieren intensiv das Programm. Sie glauben alles, was an Erklärungen über die Musik geschrieben steht. Wenn die Sängerin auftritt, können sie lesen, was diese singt, aber es kann ihre Herzen nicht berühren. Gehörlose Christen haben keine Ahnung von der mächtigen Symphonie, welche das Universum erfüllt, welche die Selbstdarstellung des ewigen Gottes ist, zu der ihr Leben bestimmt ist, seinen eigenen kleinen Klang dazu zu geben.»

Hier einige Fragen, die zeigen, wie aktuell die christliche Botschaft ist:

Wer kann uns besser dazu bewegen, unsere Taubheit zu überwinden, als der Jude Jeschua, der zum Ohr eines tauben Mannes sagte: Ephatah – öffne dich!, und der auch unsere tauben Herzensohren öffnen will?

Wer wird unsere blinden Herzensaugen heilen, wenn nicht Jeschua, der den Blinden das Augenlicht zurückgab?

Wer anders als Jeschua, der am Sabbat den erschlafften Arm einer Frau wieder beweglich machte, kann und soll unsere geballten Fäuste öffnen?

Wer darf einem Menschen, der sich wirkungsvoll in eine Krankheit geflüchtet hat, die Frage stellen: «Willst du überhaupt gesund werden?», wie Jeschua den Gelähmten am Teich Bethesda?

Wer fordert uns auf, unsern alten sicheren Trott zu verlassen, aus dem Boot auszusteigen und auf den Wellen zu gehen, die uns verschlingen könnten? Es ist Jeschua.

Wer hat arme afrikanische Kirchen bewegt, im Juli 2021 den durch Unwetter Geschädigten im reichen Deutschland 20'000 Euro zu spenden? Es war Jeschua, der mit fünf Broten und zwei Fischen eines kleinen, armen Jungen fünftausend Menschen Nahrung verschaffte.

Wer forderte sowohl die jüdischen religiösen Autoritäten als auch die mächtigen Römer so weit heraus, dass sie ihn ausschalten mussten? Richtig, es war Jeschua.

110

Was gibt uns den Mut, das Unmögliche möglich zu machen, wenn nicht das Wort Jeschuas, «der Glaube kann Berge versetzen»?

Wer kann uns so wie Jeschua am Kreuz Trost, Verständnis und Gegenwart schenken, wenn Leid und uns Tod bedrängen?

Was kann uns wirkungsvoller aus Hoffnungslosigkeit herausreissen als die Auferstehung von Jeschua?

Ähnliches gilt selbstverständlich auch für das Alte Testament. Für die Juden ist es von entscheidender Wichtigkeit, dass sie, die einmal in Ägypten Sklaven gewesen waren, von Gott befreit wurden. Durch Rituale wie das Passahmahl und Lesungen in der Synagoge halten sie die Erinnerung an die Befreiung wach. Die Geschichte der Befreiung der Kinder Israel aus dem ägyptischen Sklavenhaus wurde für die amerikanischen Sklaven zur Musik. *When Israel was in Egypt's land, let my people go.* Dieser Spiritual der Afroamerikaner wird heute auf der ganzen Welt gesungen. *There's going to be a meeting here tonight* ist ein weiteres Befreiungslied. Wenn die Sklavenaufseher dieses Lied hörten, dachten sie, es handle sich lediglich um eine gesungene Einladung zu einer harmlosen Gebetsstunde. Dabei wurde in diesen Meetings besprochen, wer wann fliehen könne und bei welchen weissen Freunden er Unterschlupf finden würde.

Die Geschichten des Alten und des Neuen Testaments sind bekannt. In immer leerer werdenden Kirchen wird darüber gepredigt. Diese Geschichten waren einmal lebendige Erfahrung, heute sind sie tote Notenblätter. Aber sie werden wieder zu Musik werden. Wer Ohren hat zu hören, vernimmt heute schon wunderbare Töne. *Kirche auf dem Markt* bedeutet nicht, dass die christlichen Gemeinden ihre wunderbaren kirchlichen Räume einfach aufgeben, *aber sie werden hinausgehen und einladen.* Im Augenblick tun sie das weitgehend nicht. Mission und Evangelisation sind in den Landeskirchen anstössige Wörter.

Bei Mission denken viele an Missionare, welche anderen Ländern nicht bloss Christus, sondern auch die europäische Kultur brachten und die Menschen zwangen, sich so zu kleiden und zu benehmen, wie es bei uns der Fall ist. Nackt Gehen wurde verboten, Männer trugen schwarze Anzüge wie englische Banker und strafften sich ihr krauses Haar.

Bei Evangelisation denken die Kritiker an Veranstaltungen, bei denen Nicht-Bekehrten mit der Hölle gedroht wurde, wenn sie sich an dieser Versammlung nicht bekehren würden. Ich war in meinen Studentenjahren mit Kollegen als Beobachter bei solchen Evangelisationen dabei. Doch nicht alle Evangelisationsveranstaltungen waren von dieser Art. Als Pfarrer nahm ich manchmal Konfirmandinnen und Konfirmanden an Evangelisationen mit und diskutierte das Ganze anschliessend mit ihnen. Bei der Erinnerung daran muss ich noch heute über ihre jugendliche Sprache lachen. Sie fanden, die Lieder seien *echt geil* gewesen. Wenn tausend Menschen miteinander singen, beeindruckt das Jugendliche selbst bei frommen Liedern.

Was die Missionstätigkeit der Christen in Afrika und Asien betrifft, haben europäische und amerikanische Missionarinnen und Missionare sicher Fehler gemacht, aber vor allem haben sie unter Einsatz ihres Lebens segensreich gewirkt. Sie gründeten Schulen und Spitäler. Oft fielen sie Krankheiten zum Opfer, die in Europa noch nicht bekannt waren. Wenn ein Missionar an Gelbfieber starb, entsandte das Missionswerk den nächsten Opferwilligen in die Arbeit des Verstorbenen. Man mag die Missionare aus heutiger Sicht als Rabeneltern bezeichnen; sie liessen ihre Kinder wegen Krankheiten und Ausbildung bei einem Heimaturlaub in Europa zurück. Der Dichter Hermann Hesse war ein solches Rabenkind; er wuchs im Missionshaus Basel auf. In Afrika und Asien sind aber viele Menschen den Missionaren zutiefst dankbar. In Nordnigeria, in einem abgelegenen, schwer zugänglichen Gebiet, stiessen meine Frau und ich 1967 auf ein Kind, welches in der Ortssprache den Namen *Wann-wird-es-getötet* trug. Es war das sechste Kind einer

112

Frau, das nach dem Brauch den Geistern als Opfer dargebracht werden sollte. Besagte Familie, ein Mann mit mehreren Ehefrauen, wusste nicht, ob sie Christen werden wollten oder nicht. Wenn ja, würde Christus sie vor den Geistern beschützen, die zornig wurden, wenn das Opfer nicht vollzogen wurde. Mit dem Namen *Wann-wird-es-getötet* mussten die Geister annehmen, dass lediglich noch kein Tag für die Opferung festgelegt worden sei. Nachdem der Mann und seine Frauen Christen geworden waren, gaben sie dem Mädchen aus Dankbarkeit den Namen der Missionarin, welche ihnen Christus verkündet hatte, und nannten es Martha.

Von der segensreichen Tätigkeit europäischer und amerikanischer Missionare profitierten selbst einige Kritiker. Als ein Schiffbrüchiger, der von den Menschen einer Insel gerettet worden, sich bei Charles Darwin über die Missionare beklagte, erwiderte dieser trocken: «Ohne die Missionare wären Sie auf dieser Insel im Kochtopf gelandet.»

Heute läuft die Missionierung auch in umgekehrter Richtung. Was würde die katholische Kirche in Europa ohne die afrikanischen Priester machen? Und im gotthelfschen reformierten Emmental wirkte ein Pfarrer aus Indien.

Mission ist Kirche auf dem Markt. Die Christen von morgen werden die spirituellen Schatzkammern der Kirche öffnen und ihre Schätze auf dem Markt anbieten. Die Bibel ist eine Schatzkammer von Erfahrungen Gottes. Und die grossen Heiligen der Kirchengeschichte durchlebten so ziemlich alle menschliche Probleme, Nöte, Krankheiten und finstere Nächte der Depression, sodass sie bereits zu ihren Lebzeiten Leidende magisch anzogen. Die Beschäftigung mit der Weisheit dieser Heiligen wird vielen den Psychiater ersparen, oder besser gesagt: Die Zusammenarbeit mit der Psychiatrie, die zum Teil jetzt schon stattfindet, wird sich verstärken; mit der jungschen allerdings mehr als mit der freudschen. Carl Gustav Jung merkt man es an, dass er der Sohn eines Pfarrers war. Seine Seelenforschung ist geradezu psychologische Mystik. Ich habe als Pfarrer eng mit einem jungschen Psychiater zusammengearbeitet.

Buchstäblich auf dem Markt sind in der Schweiz in unseren Tagen die beiden Pfarrer Bernhard Jungen und Tobias Rentsch mit ihren Schätzen. Sie verteilen keine Bibeln, sie stehen auch nicht auf einen Tisch, um zu predigen. Sie sind vielmehr unterwegs mit ihrer Unfass-Bar, einem dreiräderigen Velo mit Elektromotor und einem 18-Liter fassenden Tank. Auf Märkten und Strassenfesten verkaufen sie Bier, den Drei-Deziliter-Becher für fünf Franken. Ihr Bier heisst sinnigerweise Pfaff-Bier. «Warum dieser Name?», wollen die Leute wissen. «Weil wir Pfaffen sind», lautet die Antwort, und schon fangen die Gespräche an. Von einem solchen Pfaff-Bier-Gespräch weiss ich, dass ein Mann Bernhard Jungen fragte, ob er denn noch nie von Gott enttäuscht worden sei. Dieser gestand, die grösste Erschütterung seines Lebens sei der Tod seines achtjährigen Sohnes gewesen. Der Bier trinkende Fragesteller brach in Tränen aus und berichtete, eine Woche zuvor sei sein Enkel gestorben. Da nahmen sich die beiden Männer einfach in die Arme. Das ist Kirche auf dem Markt.

Die Kirche verfügt über gewaltige spirituelle Schätze. Das Öffnen dieser Schatztruhen ist Mission.

Während ich an diesem Buch schreibe, geraten wir gerade in die vierte Welle der Coronapandemie. In der ersten Welle wurde in vielen Ländern der Lockdown verhängt. Ausser den Lebensmittelgeschäften waren alle Läden geschlossen. Geschlossen waren auch die Restaurants, die Fitnesscenter, Bäder, Theater, Konzertsäle und Museen, geschlossen waren die Schulen und Universitäten, und es wurde nicht mehr in den Büros gearbeitet, sondern im Homeoffice. Nicht einmal in den Gottesdienst konnte man gehen. Die Städte, in denen sonst das Leben pulsiert, waren wie leergefegt. Das Haus verlassen durfte man nur für Arztbesuche, Lebensmitteleinkäufe und den Gang zu einer Arbeit, welche nicht im Homeoffice erledigt werden konnte. In der vierten Welle droht wieder Ähnliches. Österreich befindet sich in einem zweiwöchigen

114

Lockdown, auch in Italien wurden die Massnahmen verschärft. In Zeiten der Krise werden Menschen kreativ. Das ist auch in den Kirchen der Fall. Es entstanden digitale Gottesdienste, die zuhause miterlebt werden konnten. Diese digitalen Gottesdienste werden auch nach der Pandemie weiterhin angeboten werden. Im Gegensatz zu den traditionellen Gottesdiensten in den Kirchenräumen sind die digitalen Gottesdienste nicht an eine bestimmte Zeit gebunden. Man kann sie abrufen, wann immer man will, man kann sie teilen und in alle Welt verschicken. RefLab, ein Projekt der reformierten Kirche Zürich, ist ein faszinierendes Angebot in Gesprächsform in lockerer Stimmung. Zwei muntere Pfarrer unterhalten sich auf oft geradezu erheiternde Art und Weise über ernsthafte Themen. Es hören ihnen viele junge Leute zu, welche mit Kirche sonst nichts am Hut haben. Der eine Pfarrer ist ein offener Mann mit grossem Herzen und evangelikalem Hintergrund, der andere ein ebensolcher mit liberalem Hintergrund.

Die Kirche der Zukunft ist nicht etwas, das erst in ferner Zukunft sichtbar werden wird. Die Zukunft hat bereits begonnen; sie wird voranschreiten und sie wird sich nicht im digitalen Bereich erschöpfen. Ein digitales Abendmahl ist besser als gar kein Abendmahl, aber es wird nie die physische Gemeinschaft ersetzen. Man wird nie aufhören, mit Familienmitgliedern, Verwandten und Freunden essen und trinken zu wollen, und das gilt auch für das Abendmahl.

Bereits seit 1935 gibt es die *Alcoholics Anonymous*, die wohl am erfolgreichsten wirkende christliche Selbsthilfegruppe, wo Alkoholiker, die ohne jegliche Hoffnung die Talsohle ihres Elends erreicht haben, mit Hilfe von Gott und engagierten Christen zu neuem Leben erwachen. Das ist Mission. Die Kirche der Zukunft wird entwurzelte, von sich und ihrer Tiefe abgespaltene Menschen in die Selbsthilfegruppe *Agnostics Anonymous* einladen, nicht weil diese krank sind, sondern weil sie als *homines religiosi* Sehnsucht nach Gott haben und sich selber finden möchten.

Ich lade die Leserinnen und Leser ein, ihre Fantasie zu gebrauchen und sich vorzustellen, dass es eines Tages in den Kirchen tatsächlich *Agnostics Anonymous* Gruppen geben könnte. Agnostiker sind nicht Atheisten. *Agnosis* ist griechisch und heisst *Nicht-Kennen.* In der Psychiatrie bezeichnet man mit Agnosis Störungen im Erkennen und richtigen Interpretieren von Sinneseindrücken. Theologisch sind Agnostiker Menschen, die nicht wissen, ob es Gott gibt oder nicht. Sie stehen dem Atheismus vielleicht recht nahe, ertappen sich jedoch immer wieder dabei, dass sie in der Not beten oder Gott sogar für etwas danken. Mit anderen Worten: Agnostiker, das ist heute der europäische Mehrheitsmensch.

Liebe Leserin, lieber Leser, selbst wenn Sie ein bewusster Christ, eine bewusste Christin sein sollten, bitte ich Sie, sich für einige Minuten vorzustellen, dass Sie als Agnostiker an einem Kurs bei *Agnostics Anonymous* teilnehmen. Einen Kurs mit diesem Namen gibt es meines Wissens noch nicht, aber wäre ich noch Gemeindepfarrer, würde ich ihn schleunigst einführen. Jedenfalls sind Sie als Leserin bei diesem imaginären Kurs dabei. Als Agnostiker stellen Sie der Kursleiterin die Frage: «Wie kann Gott für mich eine Erfahrung werden, wenn ich doch gar nicht weiss, ob es ihn überhaupt gibt?» – «Kein Problem», meint die Kursleiterin, «wir beginnen mit einer einfachen Meditation. Als Agnostiker haben Sie keinen inneren Widerstand gegen das Wort Meditation. Später werden wir für dieselbe Übung Kontemplation sagen. Ich sehe, jetzt zucken Sie zusammen, Kontemplation ist ein christliches Wort. Vergessen Sie den Ausdruck Kontemplation. Wir meditieren. Machen Sie es sich auf einem Kissen oder einem Stuhl bequem. Wenn Sie wollen, dürfen Sie sich gern auf eine Matratze legen. Ich stelle fest, Sie sind eine selbstbewusste Person, die am liebsten alles in eigener Regie erledigt, eine Person mit Autorität. Ihr Ego ist Ihr eigener Gott. Schliessen Sie jetzt die Augen und atmen Sie ruhig – einatmen, ausatmen, einatmen, ausatmen. Gut so. Und jetzt sprechen Sie beim Atmen meditativ die Worte: 'Ich bin nicht Gott. Ich bin nicht Gott.' Bitte keine

116

Hemmungen, Sie sind ja nicht der einzige Teilnehmer, die andern machen es genauso.» – «Ich bin nicht Gott. Ich bin nicht Gott.» – «Das machen Sie alle sehr gut. Weiterfahren und auf die Atmung achten.» – «Ich bin nicht Gott. Ich bin nicht Gott.» – «Sie merken: Wenn Sie diese Worte meditativ sprechen, fühlen Sie sich auf einmal wohl. Sie haben sich in Ihrem Leben oft dermassen angestrengt, alles perfekt zu machen, dass Sie unzufrieden wurden, wenn etwas nicht ganz so perfekt herauskam. Sie sind eben nicht Gott. Das meditative Erkennen, dass Sie nicht Gott sind, tut Ihnen gut. Die Erkenntnis, dass Sie nicht Gott sind, kann sogar ein Burnout verhindern. Welch eine Erleichterung, nicht Gott sein zu müssen.» Die Teilnehmer murmeln: «Ich bin nicht Gott; ich bin nicht Gott.» – «Sehr gut. Genug für heute. Machen Sie diese Übung auch zuhause. Wir sehen uns in einer Woche wieder.»

Eine Woche später sehen sich die *Agnostics Anonymous* und tauschen aus, was sie bei der Meditation über den Satz, nicht Gott zu sein, erlebt haben. Darauf meditieren sie an diesem zweiten Kursabend einen neuen Satz: «Ich fühle eine Kraft, die nicht von mir ist.» Die Teilnehmer lassen sich auch auf diesen Satz ein und sprechen zehn Minuten lang: «Ich fühle eine Kraft, die nicht von mir ist. Ich fühle eine Kraft, die nicht von mir ist.» Das tun sie in gleicher Weise zuhause.

Der dritte Kursabend steht unter dem Motto: «Ich fühle eine Liebe, die nicht von mir ist.» Und auch dieser Satz wird täglich meditiert.

Am vierten Kursabend begrüsst die Kursleiterin die Anwesenden mit den Worten: «Liebe Freunde, es ist erstaunlich, mehrere Teilnehmerinnen und Teilnehmer haben eine Liebe für Menschen in sich wachsen verspürt, die ihnen vorher gleichgültig waren oder ihnen sogar auf die Nerven gingen. Anita wurde an der Migroskasse von der normalerweise mürrischen Kassiererin sogar angelächelt. Als Kursleiterin darf ich es nun wagen, die Meditation Kontemplation zu nennen. Kontemplation heisst Betrachtung. Ich habe eine Ikone mitgebracht: Maria, die das Jesuskind an sich drückt. Auf der Ikone sind Mutter und Kind zu einer Einheit verschmolzen. Heute schliessen wir nicht die Augen, sondern betrachten liebend die Ikone und sprechen dazu: 'Du in mir und ich in dir.' Mit der Kontemplation vor der Ikone erleben wir ein Stück ostkirchliche Spiritualität.»

Am fünften Kursabend tauchen die Teilnehmerinnen noch tiefer ein in die Spiritualität der orthodoxen Kirche. Die Leiterin hat eine neue Ikone mitgebracht. «Heute geht es um die Person Jesu», sagt sie. «Wir bleiben in der ostkirchlichen Spiritualität und sprechen das Herzensgebet, auch Jesusgebet oder immerwährendes Gebet genannt. Dieses Gebet wurde von den Mönchen auf dem Berg Athos entwickelt. In seiner vollständigen Form lautet es: *Herr Jesus Christus, Sohn Gottes, erbarme dich meiner.* Ich schlage vor, dass wir die Kurzform beten und einfach den Namen Jesus sprechen. Einatmen: Jesus, ausatmen: Jesus. Wer will, kann zuhause die längere Form beten. Eine andere gute Möglichkeit besteht darin, beim Jesusgebet anstatt auf den Atem auf den Herzschlag zu hören. Es gibt Ärzte, welche Patienten mit unruhigem, zu schnellem Herzschlag empfehlen, das Herz in den meditativen Rhythmus des Gebets zu bringen. Mir selber fällt es leichter, im Einklang mit dem ruhigen Atem zu beten. Ich halte mich an die Anweisung von Pater Anselm Grün und stelle mir beim Einatmen vor, dass die Liebe Jesu in mein Herz strömt, beim Ausatmen verteilt sie sich über den ganzen Körper.»

Serenella berichtet, dass sie sich, obschon sie sich nach wie vor Agnostikerin bezeichnet, während dieses Gebetes dabei ertappt hat, an diesen Jesus zu glauben. Auf alle Fälle hat sie die Absicht, zuhause das Neue Testament zu lesen, um sich noch mehr mit der Person Jesu zu befassen.

Kurs sechs und sieben erstreckt sich über ein ganzes Wochenende. Serenella ist nicht die einzige, welche in der Zwischenzeit die Evangelien aufmerksam gelesen hat. Alle haben festgestellt, dass die vier Evangelien nicht dasselbe Jesusbild haben. Sandro gesteht, dass er nur das Markusevangelium gelesen hat, weil es das kürzeste ist.

Mirjam hat sogar das ausserbiblische Thomasevangelium studiert. Serenella ist vom Johannesevangelium fasziniert. Im Wochenendkurs backen sie gemeinsam Brot. Sie erleben das Mischen von Mehl, Wasser, Hefe und Salz und das Kneten und Formen. In den Zeiten des Aufgehens des Teigs und des Backens erzählt die Kursleiterin lebendig die Geschichte der Speisung der Fünftausend. Sie bittet anschliessend Serenella, den Text aus dem Johannesevangelium vorzulesen.

Als nun Jesus die Augen erhob und sah, dass viel Volk zu ihm kam, sagte er zu Philippus: Wo sollen wir Brot kaufen, damit diese essen können? Das sagte er aber, um ihn auf die Probe zu stellen; er wusste nämlich selbst, was er tun wollte. Philippus antwortete ihm: Für zweihundert Denare Brot reicht nicht für sie hin, damit jeder auch nur ein wenig bekommt. Einer von seinen Jüngern, Andreas, der Bruder des Simon Petrus, sagte zu ihm: Es ist ein Knabe hier, der hat fünf Gerstenbrote und zwei Fische; aber was ist das unter so viele? Jesus sprach: Heisset die Leute sich lagern! Es war aber viel Gras an dem Orte. Da lagerten sich die Männer, an Zahl etwa fünftausend (und dazu noch Frauen und Kinder). Jesus nahm nun die Brote, sprach das Dankgebet darüber, und teilte sie unter die aus, welche sich gelagert hatten, ebenso auch von den Fischen, so viel sie wollten. Als sie aber satt geworden waren, sagte er zu seinen Jüngern: sammelt die übrig gebliebenen Brocken, damit nichts verloren geht. Da sammelten sie und füllten zwölf Körbe mit Brocken von den fünf Gerstenbroten, die denen übriggeblieben waren, welche gegessen hatten.
(Joh. 6,1-13)

In der Stille denken die Teilnehmerinnen und Teilnehmer darüber nach, was dieses herzliche Teilen der an sich bescheidenen Menge von Brot und Fisch für Folgen hatte. Der Glaube kann nicht nur Berge versetzen, er kann auch aus wenig eine Fülle bewirken.

Walter, der Lehrer ist, hat bei dieser Meditation darüber nachgedacht, dass er sich seiner schwierigen Klasse gegenüber in einer Mangelsituation befindet. Er fühlt sich diesen Pubertierenden gegenüber hilflos und würde am liebsten den Beruf aufgeben. Er habe nicht genügend Ressourcen, um den inneren Menschen dieser schwierigen Jugendlichen zu nähren, auch wenn es zwar nicht fünftausend, sondern nur fünfzehn seien. Die Kursleiterin fragt, ob die Anwesenden bereit seien, mit dem Lehrer zu beten, seine fünf Brötlein und zwei Fischlein Jesus anzuvertrauen, um dann mit neuem Mut in die Klasse zurückzukehren. In der Kontemplation bewegen alle in der Stille das Wort der Lyrikerin Hilde Domin in den Herzen:

Nicht müde werden,

sondern dem Wunder

leise wie einem Vogel

die Hand hinhalten.

Das Wochenende bildet den Abschluss des Kurses. Walter wird mit neuem Mut in seine Schulklasse zurückkehren. Claudia und Moritz treffen die Entscheidung, beim nächsten Kurs als Mitleitende mitzuwirken. Serenella will die Matura nachholen und anschliessend vielleicht sogar Theologie studieren.

Der Kurs *Agnostics Anonymous* ist Fantasie. Meines Wissens gibt es ihn nicht – noch nicht. Ich habe lediglich ein paar Zeilen lang davon geträumt; ein Traum von Kirche auf dem Markt. Es darf jeder Mensch und jede Gruppe eigene Träume haben. Mit meinem Gedankenspiel von *Agnostics Anonymous* will ich ausdrücken, dass unsere agnostischen Mitmenschen zu einem Dialog eingeladen werden müssen. Der Konfirmandenunterricht und die Kasualien sorgen nicht mehr für Nachwuchs. Die Zeit der grossen Konfirmandenklassen ist endgültig vorbei. Immer weniger junge Leute lassen sich konfirmieren, und die wenigen, die konfirmiert werden, sieht man nach der Konfirmation nicht mehr in der

120

Kirche. Trauungen und Trauerfeiern der Kirche werden immer weniger in Anspruch genommen. Die Kirche muss sich neu erfinden; es ist wie Tod und Auferstehung. Das ist ein schmerzlicher Prozess, doch er ist bereits in vollem Gang. Es wird nicht nur in Afrika und Asien lebendige Kirchen geben, sondern auch in Europa; nicht mehr als Mehrheit, dafür aber als Salz in der Suppe. Ich glaube an die Zukunft der Kirche.

Die Kirche der Zukunft wird eine mystische Kirche sein, eine Kirche auf dem Markt, eine Kirche als Familientisch für Alt und Jung, Schwarz und Weiss, Hetero und Homo, eine Kirche mit konfessionellen Unterschieden, bestehend aus verschiedenen Organisationen, aber mit einem gemeinsamen Sprecher im Sinne eines brüderlich-schwesterlichen Petrus-/Petradienstes.

Dass es eines Tages einen Petradienst geben wird, davon bin ich überzeugt, nicht morgen, auch nicht übermorgen, aber in Zukunft.

Religionen wird es immer geben. Der Mensch ist nun einmal ein *homo religiosus*, um einen Ausdruck aus der Antike zu gebrauchen. Oder in unserer von der Wissenschaft geprägten Sprache ausgedrückt: *Spiritualität und Frömmigkeit sind ein Segensprodukt der Evolution, eine Anlage im Menschen.* Menschen hören nicht auf zu fragen: «Was ist Glaube?» Unter den Religionen wird das Christentum eine wichtige Stellung einnehmen.

Dogmen sind Notenblätter, die zu Musik werden. *Glaube als Musik ist eine erkannte und gefühlte Gegenwart, eine Kraft, die nicht von mir ist, ein Du, das mich trägt, mit Liebe durchflutet, mich verändert und mich mit denen verbindet, die das auch erleben. Die Gemeinschaft derer, die das erfahren, nennt man Kirche.* Die Kirche der Zukunft wird nicht mehr mit reichen Gütern gesegnet sein. Ihr Reichtum wird anderer Art sein. Ihr Reichtum wird aus fünf Brötchen und zwei Fischen bestehen. Dieses Wenige zu vermehren, wird ein wichtiges Zeugnis sein in einer Welt mit wachsender Bevölkerung und schwindenden Ressourcen. Wenn alle Menschen so leben würden wie die Reichen dieser Welt, zu denen auch wir gehören, bräuchten wir fünf Planeten. Wir haben indessen nur diesen einen. Die fünf Brötchen und die zwei Fische werden die Ressourcen der Zukunft sein. Die Inspiration, das Wenige so zu vermehren, dass alle satt werden, wird von der Kirche ausgehen. Der mystische Samariter in der Herberge hat versprochen, er werde wieder zurückkommen. Die Kirche der Zukunft wird eine mystische Kirche sein.

Teil 2

Von Heutigem und Ewigem – unser Leben in der Dreieinigkeit

Der erste Teil dieses Buches befasste sich mit der Mystik, mit dem Einswerden mit dem Urgrund des Seins. Für die meisten Christen ist der Urgrund des Seins der dreieinige Gott. Wir sind getauft auf den Namen Gottes des Vaters, des Sohnes und des Heiligen Geistes. Gottesdienste beginnen im Namen des dreieinigen Gottes. Doch was bedeutet das? Ich habe noch nie eine Predigt über den dreieinigen Gott gehört. Kann die Dreieinigkeit überhaupt zur Erfahrung werden?

Es gibt christliche Splittergruppen, welche die Lehre der Dreieinigkeit ablehnen. Sie weisen nicht zu Unrecht darauf hin, dass diese Bezeichnung im Neuen Testament nicht vorkomme. Es geht mir in diesem Teil des Buches darum zu zeigen, dass sich der Glaube an die Dreieinigkeit bei der Auslegung jedenfalls des Neuen Testamentes aber geradezu aufdrängt. Vom Alten Testament kann man das so nicht sagen, obwohl Gott selbst in der hebräischen Bibel gewissermassen als Vielfältigkeit gesehen werden kann, wie aus dem Sch'ma Israel, dem jüdischen Glaubensbekenntnis, hervorgeht.

שְׁמַע יִשְׂרָאֵל יְהוָה אֱלֹהֵינוּ יְהוָה אֶחָד

Sch'ma Israel, Adonai Elohenu ächad

Höre Israel, der Herr, unser Gott, ist einer. (5. Mo. 6,4)

Auf Hebräisch heisst Gott El, in der Mehrzahl Elohim, Götter. Die Form Elohenu steht für *unsere* Götter. Wörtlich müsste man daher übersetzen:

Höre Israel, der Herr, unsere Götter, sind einer.

Nun habe ich eine kleine Aufgabe für die Leserinnen und Leser. Stellen Sie sich vor, Sie müssten im jüdischen Bekenntnis das Wort

123

Gott durch das Wort *Einsamkeit* oder durch das Wort *Beziehung* ersetzen. Welches wäre Ihrer Meinung nach die richtige Wortwahl? Sie würden sicher *Beziehung* wählen. Gott ist bereits innergöttlich Beziehung; Gott ist Liebe.

Bereits im Schöpfungsmythos sagt Gott: Lasst *uns* Menschen schaffen. Und Gott schafft Menschen nach seinem Bild, als solche, die ebenfalls auf Beziehung angelegt sind, er schafft sie als Mann und Frau und die beiden werden sein *ein* Leib. *Darum wird ein Mann Vater und Mutter verlassen und seiner Frau anhangen, und sie werden sein ein Leib* (1 Mo. 2,24). In einer Beziehung können zwei eins sein. Es geht also um die Frage: Wer ist Gott? Wie ist Gott? Und wer und was sind wir Menschen?

Gott ist in der hebräischen Sprache eine Vielfalt. Aber es wird noch erstaunlicher: Gott kann im Alten Testament eine Dreiheit sein:

> *Der Herr erschien Abraham bei der Terebinthe Mamres, während er am Eingang seines Zeltes sass, als der Tag am heissesten war. Wie er nun seine Augen erhob, siehe, da standen drei Männer vor ihm.* (1. Mo. 18,1)

Die Geschichte von Abrahams Gastmahl hat in der Ikonenfrömmigkeit der orthodoxen Christen zentrale Bedeutung erlangt. Die wichtigste Ikone ist eine Verbildlichung des dreieinigen Gottes; diese Ikone darf in keiner orthodoxen Kirche fehlen. Sie beruht auf Abrahams Bewirtung der drei Männer, die den einen Gott darstellen. Am bekanntesten ist die Dreieinigkeitsikone von Andrei Rubliow (1360-1430). Sie wird immer wieder neu nachgebildet und darf nur unter ganz bestimmten Ritualen und Gebeten gemalt werden.

124

Der aufmerksame Betrachter der Ikone wird nun sagen: «So ganz zu einer Einheit verschmolzen sind diese drei aber gar nicht. Bei den Füssen ist ein Unterbruch.»

Doch halt, dort ist so etwas wie eine Schublade. Beim ursprünglichen Künstler war das ein Spiegel. Der andächtige Beter, der vor der Ikone kniete, sah also sich selber als Verbindung. Da haben wir es wieder: Die vollkommene Einheit von Vater, Sohn und Heiligem Geist ist der Spezialfall der noch unvollkommenen All-Einigkeit. Ich komme von Gott und kehre wieder zu ihm zurück.

Jüdische Bibelleser kommen bei dieser Gastmahlgeschichte nie auf die Idee, dass mit Gott, der sich als drei Männer einladen lässt, eine Dreieinigkeit von Vater, Sohn und Heiligem Geist gemeint sein könnte. Christen dagegen sehen in den drei Männern, die *ein* Gott sind, ganz selbstverständlich den dreieinigen Gott. Das Verstehen eines biblischen Textes hat eben nicht nur mit dem Text zu tun, sondern auch mit dem Leser.

Heute eröffnen evangelische Pfarrerinnen und Pfarrer den Gottesdienst gerne mit den Worten: Im Namen des Vaters, des Sohnes und der heiligen Geistkraft. Sie wollen damit ausdrücken, dass im Hebräischen der Heilige Geist weiblich ist. Besser wäre es, Ruach mit Geistin zu übersetzen. Die Bezeichnung «heilige Geistkraft» entpersönlicht die Person der heiligen Geistin und macht aus ihr eine Kraft. Eine Kraft hat keine Gefühle, Gefühle hat nur eine Person. Den Heiligen Geist, oder eben die Heilige Geistin, kann man indessen betrüben (Eph. 4,30). Das ist allerdings eine neutestamentliche Aussage. In der hebräischen Bibel

125

ist die Ruach Gottes, die sehr wichtig ist als Atem Gottes, eher eine Kraft, wenn auch mit einer gewissen Tendenz zur Personhaftigkeit. In der Schöpfungsgeschichte in 1. Mose 1 schwebt die Ruach wie eine brütende Henne über der Erde in ihrem noch unerschaffenen Zustand.

Ganz klar und eindeutig ist in der hebräischen Bibel aber die Weisheit Gottes eine eigenständige göttliche Person innerhalb von Gott. Wie die Ruach Gottes ist auch die Weisheit Gottes bei der Schöpfung beteiligt. Sie hat ein eigenes Ich.

Von Ewigkeit her bin ich gebildet, von Anfang, vor dem Ursprung der Welt.

Noch ehe die Meere waren, ward ich geboren, noch vor den Quellen, reich an Wasser.

Bevor die Berge eingesenkt wurden, vor den Hügeln ward ich geboren.

Ehe er die Erde gemacht und die Fluren und die ersten Schollen des Erdreichs.

Als er den Himmel baute, war ich dabei, als er das Gewölbe absteckte über der Urflut, als er die Wolken droben befestigte und die Quellen der Urflut stark machte, als er dem Meer seine Schranken setzte, dass die Wasser seinem Befehl gehorchten, als er die Grundfesten der Erde legte, da war ich als Liebling ihm zur Seite, war lauter Entzücken Tag für Tag und spielte vor ihm allzeit, spielte auf seinem Erdenrund und hatte mein Ergötzen an den Menschenkindern. (Spr. 8,23-31)

Für Christen ist diese alttestamentliche Stelle geradezu eine Weihnachtsgeschichte: Sie sehen hier den kleinen Jesus, der mit dem Erdball spielt und seinen himmlischen Vater mit seinem Spiel erfreut. Jüdische Ausleger weisen jedoch – nicht zu Unrecht – darauf hin, dass wir Christen den Jesusknaben in den Text hineingeschmuggelt hätten. Doch auch für sie ist Elohim hier nicht

126

ein Einsamkeitsgott, sondern eine Vielheit in Einheit. *Der Herr, unsere Götter, sind einer.*

Ähnlich personhaft wie die Weisheit ist die Herrlichkeit Gottes, in der hebräischen Bibel die *Kabod*, im griechischen Neuen Testament die *Doxa*. Wenn wir in der Natur überwältigt sind von etwas ganz Wunderbarem und sagen, das sei herrlich, drücken wir auch auf Deutsch damit letztlich aus, dass wir Gott begegnet sind: Was wir erleben, ist ein *Wunder* Gottes, es ist *wunder*bar; der *Herr* hat es gewirkt, es ist *herrlich*. Der Jubelruf wunderbar und herrlich ist nicht Mathematik, in der zwei nicht gleich eins sein kann, sondern Poesie: Der unsichtbare Gott und die sichtbare Herrlichkeit sind zwei verschiedene Dinge und doch derselbe Gott. Der unsichtbare Gott kann uns nicht erscheinen, erscheinen kann uns aber seine Herrlichkeit.

> *Mache dich auf, werde licht! Denn dein Licht kommt, und die Herrlichkeit des Herrn strahlt auf über dir.* (Jes. 1,1)

Gott wohnt im Himmel, aber seine Herrlichkeit – er selber – weilte in der Bundeslade in der Stiftshütte, später nach dem Tempelbau im Tempel. Wenn Mose in der Stiftshütte der Herrlichkeit Gottes begegnete, brannte sich diese in sein Angesicht ein, sodass er dermassen strahlte, dass die Israeliten sich fürchteten. Also musste er sein Angesicht bedecken, um sie zu schützen.

> *Und wenn Mose hineinging* [in die Stiftshütte] *vor den Herrn, um mit ihm zu reden, legte er die Hülle ab, bis er wieder herauskam; und wenn er herauskam, teilte er den Israeliten mit, was ihm befohlen war. Dann sahen die Israeliten, dass die Haut des Mose strahlte.*

Als den Israeliten die Bundeslade mit der Herrlichkeit Gottes gestohlen wurde, kam ein Knabe zur Welt, der Ikabod genannt wurde: die Herrlichkeit Gottes – *Kabod* – ist fort, Gott selber ist fort. In Hesekiel 8,4 wird der Prophet Hesekiel vom Geist Gottes gepackt und in den Tempel versetzt, dort steht die Herrlichkeit

Gottes und Gott spricht zu ihm. Auch da also Identität von Herrlichkeit und Gott.

Ich will die Leserinnen und Leser nicht unnötig belasten durch noch mehr alttestamentliche Zitate. Die ausgewählten Stellen mögen genügen, um zu zeigen, dass Gott in der hebräischen Bibel keine Einsamkeit ist, sondern eine innergöttliche Vielfalt. *Der Herr, unsere Götter, sind einer.* Gott ist auch im Alten Testament Beziehung, er ist nicht nur im Neuen Testament Liebe, sondern auch im Alten – trotz Stellen, in denen er zunächst als unerbittlicher, geradezu rachsüchtiger Gott in Erscheinung tritt.

Die Kreuzigung Jesu – ein mörderisches Zusammenspiel von damaliger Kirche und Staat

Wie wir gesehen haben, ist Gott bereits in der hebräischen Bibel eine Vielfalt in Einheit. Für jüdische Gläubige liegt die Betonung jedoch so stark auf Einheit und Ausschliesslichkeit, dass sie höchstens vom Islam noch überboten werden kann. Ein Mensch, der sich mit Gott gleichstellt, gilt im Alten Testament als todeswürdiger Gotteslästerer. Jesus wurde hingerichtet, weil er sich mit Gott gleichgestellt hatte. Juristisch waren es zwar nicht die Juden, welche ihn kreuzigten, denn das Urteil wurde vom Römer Pontius Pilatus gesprochen, aber es war die damalige «Kirche», es waren die Tempelpriester, welche die Kreuzigung veranlasst hatten.

Deshalb suchten die Juden ihn zu töten, weil er nicht nur den Sabbat gebrochen, sondern Gott auch seinen Vater genannt und sich Gott gleich gemacht hatte. (Joh. 5,18)

Beim Prozess gegen Jesus ging es dem Hohepriester darum zu beweisen, dass Jesus sich Gott gleich gemacht hatte und sich gleichzeitig als der Christus, also als der messianische König verstand. Gegen einen Messias hätte der Hohepriester nichts einzuwenden gehabt, die messianische Erwartung gehörte schliesslich zum jüdischen Glauben. Es gab denn auch immer wieder sogenannte Messiasse, und die Juden hofften, einer von ihnen würde sich irgendeinmal als der richtige erweisen und sie von der Herrschaft Roms befreien. Diese Möchte-gern-Messiasse riefen nämlich immer wieder zum Aufstand gegen Rom auf. Für die Tempelleute war hingegen völlig klar, dass Jesus, in dem viele Juden Gott in Person sahen, als Gotteslästerer sterben musste.

Die Römer auf der anderen Seite konnten einen Messias nicht dulden. Wegen Gotteslästerung hätte Pontius Pilatus Jesus nie hingerichtet, als Politiker war er vielmehr daran interessiert, dass die Juden untereinander gespalten waren, aber ein Messias zu sein war für Rom Hochverrat, und auf Hochverrat stand die Todesstrafe.

Jesus hatte längst akzeptiert, dass sein Weg ans Kreuz führen würde. So liess er sich auch nicht vom Hohepriester dazu verleiten, das Verhängnisvolle zu sagen, sondern übernahm vielmehr selber die Führung und sprach bewusst die Worte, welche sein Schicksal besiegelten.

Da sprach der Hohepriester zu ihm: Ich beschwöre dich bei dem lebendigen Gott, dass du uns sagst, ob du der Christus [also der Messias], *der Sohn Gottes bist. Jesus sprach: Du sagst es richtig.* [Ja, ich bin der Messias.] *Von jetzt an werdet ihr den Sohn des Menschen sitzen sehen zur Rechten der Macht und kommen auf den Wolken des Himmels.* [Auf den Wolken des Himmels kommt nur Gott.] (Mt. 26,63ff.)

Seit Johannes ihn im Jordan getauft hatte, verstand Jesus sich als besonderen Sohn Gottes und als Messias. Die vierzig Fastentage in der Wüste mit den unheimlichen Stimmen, die ihn hin- und hergerissen hatten, waren das Ringen um seine Selbstfindung gewesen und die Bestätigung dessen, wofür er sich hielt.

Was er ist, lässt sich nur von seiner Kreuzigung her verstehen. Als die Kreuzigung noch in weiter Ferne stand, versuchte Jesus geradezu zu verheimlichen, wer er war. Vor allem im Markusevangelium wird besonders hervorgehoben, dass sein eigentliches Wesen zunächst Geheimnis bleiben musste (Mk. 1,24-25; 7,36; 8,30). Je näher aber die Zeit für das Kreuz kam, desto deutlicher sagte Jesus, wer er war.

Die Evangelien enthalten keine protokollartige Schilderung dessen, was Jesus verkündete und tat. Sie wurden mehrere Jahre nach den Ereignissen geschrieben und sind nicht Protokoll, sondern Bekenntnis. Der Messias – griechisch der Christus – ist wie sein Vorfahr David ein Mensch. Gerade von der Auferstehung her bekannten die Evangelisten, dass Jesus beides war, der Sohn

Gottes und der Mensch Messias. Dieses Bekenntnis findet sich erst recht in den neutestamentlichen Briefen. Die Paulusbriefe sind älter als die Evangelien. Die ersten Christen, die diese Briefe lasen, waren mehrheitlich Juden, die wussten, dass sowohl die Stellen, die vom himmlischen Vater sprachen, als auch diejenigen, die von Jesus und dem Heiligen Geist als Gott sprachen, nicht drei Götter, sondern den einen Gott meinten. Für sie war die Ausformulierung der Lehre der Dreieinigkeit nicht nötig. Das wurde anders, als die Mehrheit der Christen aus dem Polytheismus kam und sich fragte: «Ist da von drei Göttern die Rede?» Im vierten Jahrhundert gab es im römischen Reich bereits sehr viele Christen. Das Thema *ein Gott oder drei Götter* war in aller Munde. In den Wirtshäusern und auf den Strassen kam es deswegen sogar zu Schlägereien. Arius und seine Anhänger lehrten, Jesus sei zwar ein besonderer Mensch gewesen, aber eben nur ein Mensch. Es musste also Klarheit geschaffen werden. Im Jahr 325 wurde am ersten Konzil von Nizäa das Dogma von der Dreieinigkeit formuliert.

Doch damit verlagerten sich die Auseinandersetzungen bloss auf eine andere Ebene. Die Monophysiten (Monophysis = eine einzige Natur) glaubten an einen Christus, der gar nicht voll Mensch, sondern Gott in Menschengestalt gewesen war. Er hatte also bloss getan, als ob er Mensch wäre. Mit dieser Frage befasste sich dann das Konzil von Chalcedon im Jahre 451. Damals wurde formuliert: *Jesus Christus wahrer Gott und wahrer Mensch.* Es gibt jedoch bis zum heutigen Tag Kirchen, die vom Monophysitismus stark geprägt sind: die syrisch-orthodoxe, die äthiopisch-orthodoxe, die koptische und die armenische Kirche. Auch diese Kirchen anerkennen aber zusammen mit der weltweiten Christenheit, dass das Neue Testament die Göttlichkeit des Vaters, des Sohnes und des Heiligen Geistes bezeugt.

Abgesehen von einzelnen Christen gibt es eine bekannte Glaubensgemeinschaft, welche das anders sieht: Die Zeugen Jehovas, welche sich sonst gerne an die wörtliche Auslegung der Bibel klammern, legen das Dreieinigkeitsdogma mathematisch aus. In der Mathematik ist drei nicht gleich eins, also widerspricht die Dreieinigkeitslehre der Vernunft, folglich ist diese Lehre unbiblisch. Einmal mehr lässt sich feststellen, dass die Auslegung der Bibel nicht bloss auf dem Text beruht, sondern ebenso sehr auf dem Glauben desjenigen, der sie auslegt. Jeder findet in der Bibel das, was er sucht: Der Historiker findet Historisches, der nach Kultur Suchende findet Kultur, wer behauptet, der Gott der Bibel sei ein rachsüchtiger Gott, findet diesen, wer den liebenden Gott sucht, begegnet ihm. Und wer in der Bibel gar nichts sucht, der findet auch gar nichts. Die Zeugen Jehovas suchen in der Bibel einen nicht-trinitarischen Gott, doch selbst, wenn sie lesen, dass der sogenannt ungläubige Thomas bei der Begegnung mit dem Auferstandenen überwältigt stammelte: «Du bist mein Herr und mein Gott!» (Joh. 20,28), sehen sie in Jesus Christus nicht Gott. Was es nicht geben darf, gibt es nicht. Punkt!

Natürlich gilt die Tatsache der wechselseitigen Beziehung zwischen Bibeltext und Leser auch für mich. Auch für mich ist in der Bibel nur das Wort Gottes, was mein Herz bewegt, mich freut, tröstet, stärkt oder auch erschüttert und herausfordert, und ich bin nun einmal ein die Dreieinigkeit liebender Mensch. Aber wegen meiner Kenntnisse der hebräischen und der griechischen Sprache und der historischen Zusammenhänge, wegen der Gemeinschaft mit den grossen Heiligen der Kirchengeschichte, mit Martin Luther, Huldrych Zwingli und Johannes Calvin, und wegen des Beizugs der modernen historisch-kritischen Methode meine ich, dass ich den Ruf der Bibel, vor allem des Neuen Testaments, nach der Ausgestaltung der Dreieinigkeitslehre textnah verstehe und nicht nur meine eigene Meinung hineinlese.

In der Folge möchte ich nun auf einige biblische Aussagen eingehen, welche unseren Glaubensvätern und Glaubensmüttern als Grundlage für die Formulierung der Dreieinigkeitslehre dienten.

Der Menschensohn

Im Neuen Testament bezeichnet Jesus sich abwechslungsweise als Gottessohn oder als Menschensohn. Wer nun meint, der Ausdruck Gottessohn sei ein besonders starker Hinweis auf die Göttlichkeit Jesu, liegt falsch. Es trifft zwar zu, dass die Juden mit diesem Ausdruck äusserst vorsichtig umgehen und ihn lieber vermeiden, weil er ihrer Meinung nach den Monotheismus aufweichen könnte. Doch dass Gott ihr Vater ist und sie seine Kinder sind, ist ihnen durchaus bewusst. Zumindest an Jom Kippur, am Versöhnungstag, kommt das zum Ausdruck, wenn das ergreifende *Avinu Malkeinu – unser Vater, unser König* angestimmt wird.

Was bei den Juden nur verhalten vorhanden ist, wird im Neuen Testament ein Höhepunkt. Unser Hauptgebet ist das Vaterunser. Es zeigt uns, dass wir Gottes Kinder sind. Die Taufe drückt dasselbe aus. Jesus hört die Stimme Gottes: «Dies ist mein lieber Sohn, an dem ich Wohlgefallen habe» (Mt. 3,13-17; Mk. 1,9-11; Lk. 3,21-22). Bei der Taufe wird jedem Täufling zugesagt: «Du bist Gottes geliebte Tochter, Gottes geliebter Sohn.» Alle Menschen sind Kinder Gottes, ob sie davon Kenntnis haben oder nicht. Die Christen jedenfalls wissen es und dürfen sich durch die Taufe darauf stützen.

Dass Jesus sich Gottessohn nannte, machte die Tempelleute zwar misstrauisch, doch zu einer Anklage wegen Gotteslästerung würde es nicht gereicht haben. Anders ist es mit der Bezeichnung Menschensohn. Jeder Mensch ist offensichtlich ein Menschensohn. Diese Bezeichnung war bei Jesus zu Beginn seiner Tätigkeit denn auch ein Teil seiner Tarnung. Doch allmählich ging den Tempelpriestern auf, dass Jesus mit diesem Namen an die göttliche Gestalt des geheimnisvollen göttlichen Menschensohnes im Danielbuch dachte. In Daniel 7 ist als Zukunftsvision von zwei göttlichen Gestalten die Rede, von einem Hochbetagten (wir würden statt *hochbetagt* wohl *ewig* sagen) und von einem, der zwar aussah wie ein Menschensohn, aber ganz offensichtlich mehr war

133

als ein Mensch. Der Menschensohn im Danielbuch kommt auf Wolken. Nach damaliger Vorstellung ist es Gott, der auf Wolken kommt. Gott hatte sein Volk durch die Wüste geführt, tagsüber durch eine Wolke, nachts durch eine Feuersäule. Im Danielbuch gelangt der Menschensohn auf Wolken zu dem Ewigen und wird mit Macht über alle Welt ausgerüstet. Den Gott auf Wolken erleben die Jünger laut Lukas bei der Himmelfahrt Jesus (Lk. 24,50-52; Apg. 1,9).

Beim Prozess zitiert Jesus Daniel 7:

> Da sprach der Hohepriester zu ihm: Ich beschwöre dich bei dem lebendigen Gott, dass du uns sagst, ob du der Christus, der Sohn Gottes bist. Jesus sprach: Du sagst es richtig. Von jetzt an werdet ihr den Sohn des Menschen sitzen sehen zur Rechten der Macht und kommen auf den Wolken des Himmels. Da zerriss der Hohepriester seine Kleider und sprach: Er hat gelästert. Was bedürfen wir weiterer Zeugen? Siehe, jetzt habt ihr die Lästerung gehört. Was meint ihr? Sie antworteten und sprachen: Er ist des Todes schuldig. (Mt. 26,63ff.)

Ich bin, der ich bin

Gott erscheint im Alten Testament mit einem Namen, den die Juden aus Ehrfurcht und um Missbrauch zu vermeiden nie aussprechen. Nur einmal im Jahr, am Versöhnungstag, durfte einzig der Hohepriester diesen Namen aussprechen, jedoch übertönt vom Gesang der Leviten, sodass man ihn nicht hörte. Nach der Zerstörung des ersten Tempels wurde im zweiten Tempel auf die Wiederaufnahme des Brauchs, den Namen wenigstens einmal im Jahr auszusprechen, verzichtet. In der hebräischen Bibel wird dieser heilige Name durch die Konsonanten angedeutet, aber mit den Vokalen von Adonai versehen, was das Nicht-Wort Jehova ergibt. Da der jüdische Leser weiss, dass es ein solches Wort gar nicht gibt, wird er weder das falsche Wort Jehova noch den richtigen Namen Jahwe aussprechen, sondern laut und deutlich Adonai lesen – Herr.

Die Konsonanten des Jahwenamens erinnern an die Konsonanten des hebräischen Wortes für das Verb *sein*. Beim brennenden Dornbusch in 2. Mose 3,1ff. möchte Mose gerne den Namen Gottes erfahren. Gott teilt ihm den Namen nur in der Verschlüsselung mit dem Verb mit:

אֶהְיֶה אֲשֶׁר אֶהְיֶה – ähijäh aschär ähijäh

Das kann als Präsens oder als Futur übersetzt werden.

> *Ich werde sein, der ich sein werde. (Luther)*
>
> *Ich bin, der ich bin. (Zürcher Übersetzung)*

Bei dieser göttlichen Bekundung kommen selbst Agnostiker und Atheisten ins Staunen, denn auch für sie gibt es einen Urgrund des Seins, wenn auch einen unpersönlichen. *Ich bin, der ich bin* heisst ganz einfach: Ich bin der Urgrund des Seins.

Der johanneische Jesus übernimmt ganz bewusst diese Ich-bin-Verschlüsselung, und das nicht zufällig gleich in siebenfacher Form, denn sieben ist die Gotteszahl.

135

Ich bin das Brot des Lebens. Wer zu mir kommt, wird nie mehr hungern; wer an mich glaubt, wird nie mehr Durst haben. (Joh. 6,35)

Ich bin das Licht der Welt. Wer mir nachfolgt, wird nicht in der Finsternis gehen, sondern das Licht des Lebens haben. (Joh. 8,12)

Ich bin die Tür. Wer durch mich hineingeht, wird gerettet werden; er wird ein- und ausgehen und Weide finden. (Joh. 10,9)

Ich bin der gute Hirte. Der gute Hirte gibt sein Leben für die Schafe. (Joh.10,11)

Ich bin die Auferstehung und das Leben. Wer an mich glaubt, wird leben, auch wenn er stirbt; und jeder, der lebt und an mich glaubt, wird auf ewig nicht sterben. (Joh. 11,25)

Ich bin der Weg, die Wahrheit und das Leben; niemand kommt zum Vater ausser durch mich. (Joh. 14,6)

Ich bin der wahre Weinstock, und mein Vater ist der Weingärtner. (Joh. 15,1)

Die sieben Zeichen

Die Synoptiker (Matthäus, Markus, Lukas) nennen die Wunder Machttaten und binden sie nicht an eine bestimmte Zahl. Johannes nennt sie Zeichen, die auf etwas ganz anderes hinweisen als das, was man sieht, und er erwähnt mit Absicht sieben Zeichen, obwohl er ausdrücklich sagt, dass es mehr als sieben gibt. Die Zahl sieben soll jedoch als weiteres Zeichen gelten, damit die Leserinnen und Leser oder wohl eher Zuhörer und Zuhörerinnen verstehen, dass Jesus beides ist: der Christus, also der Messias, aber auch der Sohn Gottes, damit jeder, der an ihn glaubt, in seinem Namen Leben hat (Joh. 20,30-31).

Im Johannesevangelium finden sich folgende sieben Zeichen:

- Das Weinwunder zu Kana wird ausdrücklich als erstes Zeichen erwähnt. (Joh. 2,1ff.)
- Die Heilung des Sohnes des königlichen Beamten von Kapernaum wird als zweites Zeichen genannt. (Joh. 4,46ff.)

Die übrigen Zeichen tragen keine Nummer:

- Die Heilung des Gelähmten am Teich Bethesda am Sabbat (Joh. 5,1ff.)
- Die Speisung des Volkes am See von Tiberias (Joh. 6,1ff.)
- Der Seewandel (Joh. 6,16-21)
- Die Heilung des Blindgeborenen beim Teich Siloah (Joh. 9,1ff.)
- Die Auferweckung des Lazarus (Joh. 11,1ff.)

Kyrios Christos – Christus ist der Herr

So wie Jesus beim Prozess bewusst das Todesurteil provozierte, gingen auch die christlichen Märtyrer zur Zeit der unter Kaiser Nero einsetzenden Christenverfolgungen bewusst in den Tod. Sie weigerten sich, den Kaiser als Gott anzuerkennen.

Der Kaiserkult hatte sich von den östlichen Provinzen her kommend durch die Volksfrömmigkeit im Verlauf der Jahrhunderte im ganzen römischen Reich ausgebreitet: Die Griechen hatten immer wieder über die Leistungen Alexanders des Grossen gestaunt. Was er tat, konnte nur ein Gott vollbracht haben, so würde Alexander der Grosse seine Anhänger auch nach seinem Tod weiterhin tragen, schützen und stützen. Diese Verehrung übertrug sich schliesslich auf Kaiser Augustus.

Die Kaiserverehrung konnte dem Staat nur dienlich sein; was das Volk wollte, sollte es deshalb auch haben: Die Verehrung des göttlichen Kaisers wurde zum Gesetz erhoben und galt nun auch den noch nicht gestorbenen Kaisern. Die Juden erhielten als anerkannte Religion eine Ausnahmeregelung, sie brauchten dem Kaiser nicht göttliche Verehrung zu zollen. Seit Kaiser Trajan galten die Christen jedoch nicht mehr als Juden. Wie alle Einwohner im römischen Reich sollten nun auch sie dem Kaiser kultische Opfer darbringen und dabei rufen:

Kyrios Caesar – der Kaiser ist Herr!

Die meisten Christen weigerten sich und riefen stattdessen:

Kyrios Christos – Christus ist Herr!

Kyrios – wörtlich Herr – steht für Gott. Daraus lässt sich jedoch nicht der Schluss ziehen, dass *Christus ist Herr* den späteren nichtjüdischen Einfluss auf die Ausgestaltung der Dreieinigkeitslehre darstelle. Das hebräische *Adonai* und das griechische *Kyrios* sind deckungsgleich. Beides hat die Bedeutung von *Herrgott*. Die erste Übersetzung der hebräischen Bibel war die Septuaginta, eine griechische Übersetzung für Juden in der

138

Diaspora, welche nicht mehr Hebräisch sprachen. Wo auf Hebräisch für Gott *Adonai* gebraucht wird, steht auf Griechisch stets *Kyrios*.

Ich rufe das bereits erwähnte alttestamentliche monotheistische Glaubensbekenntnis in Erinnerung, das Sch'ma Israel:

> *Höre Israel, der Herr, Adonai/Kyrios, unsere Götter sind einer.*

Auf das Sch'ma Israel beruft sich der Apostel Paulus, wenn er sagt:

> *Es gibt für uns nur den einen Gott, den Vater, von dem alle Dinge sind und wir auf ihn hin, und einen Kyrios Jesus Christos, durch den alle Dinge sind und wir durch ihn.* (1. Kor. 8,6)

Gott, der an dieser Paulusstelle wirksam ist als Vater und Sohn, schafft alle Dinge. Der dreieinige Gott– der Vater, von dem alle Dinge sind und wir auf ihn hin, und Jesus Christus, durch den alle Dinge sind und wir durch ihn – schafft das Universum.

Der Logos als Weltenschöpfer

Der Herr, unsere Götter, also der dreieinige Gott, lässt aus sich das Universum entstehen. Dass die Ruach, die Heilige Geistin, bei der Schöpfung beteiligt war, sahen wir bereits in 1. Mose 1: *Die Ruach Gottes schwebte über dem Wasser.* Dass auch der ewige Sohn beteiligt war, erfuhren wir soeben bei Paulus. Noch deutlicher ist es im Prolog zum Johannesevangelium: *der Logos als Schöpfergott.*

Die Bezeichnung Logos kennen wir aus Wörtern, die mit -logie enden: Anthropologie – Menschenkunde, Geisteswissenschaften, Sinn des Menschen; Geologie – Wissenschaft vom Aufbau der Erde, ihre Zusammensetzung, die Struktur der Erdkruste und die Prozesse, welche sie bis heute formen; Biologie – Lebenskunde, Gesetzmässigkeiten des Lebendigen; Zoologie – Lehre von den Tieren; Theologie – Lehre von der Offenbarung Gottes, Geschichte Gottes und der Menschheit. Logos ist ein griechisches Wort und bedeutet göttliche oder menschliche Vernunft, Sinn oder schlicht und einfach Wort. Es spielt in der griechischen Philosophie eine grosse Rolle. Es ist das Anliegen des Johannesevangeliums, eine Sprache zu sprechen, welche auch Menschen nichtjüdischer Herkunft verstehen können. Meist wird Logos im Johannesevangelium mit *Wort* übersetzt, und der Logos als Wort wird mit Gott gleichgesetzt, weil Gott die Welt durch sein Wort geschaffen hat. Das ist gut alttestamentlich, sodass auch die Juden es verstehen können.

> *Im Anfang war das Wort, und das Wort war bei Gott,*
> *und Gott war das Wort. Dieses war im Anfang bei Gott.*
> *Alle Dinge sind durch dasselbe geworden, und ohne das*
> *Wort ist auch nicht eines geworden, das geworden ist (...)*
> *und das Wort ward Fleisch und wohnte unter uns, und*
> *wir schauten seine Herrlichkeit, eine Herrlichkeit, wie*
> *sie der einzige Sohn von seinem Vater hat, voll Gnade*
> *und Wahrheit.* (Joh. 1,1ff.)

Alles, was ist, wurde durch den Logos geschaffen und der Logos wurde Mensch und lebte als Jesus Christus in dieser Welt. Christus der Logos ist der Mitschöpfer des Universums. In der Vielfalt Gottes ist Christus Gott. Das sagt das Johannesevangelium mit aller Klarheit. Ebenso deutlich steht es im Kolosserbrief:

Und er ist das Ebenbild des unsichtbaren Gottes, der Erstgeborene der ganzen Schöpfung, denn in ihm ist alles, was in den Himmeln und auf Erden ist, erschaffen worden, das Sichtbare und das Unsichtbare, seien es Throne oder Hoheiten oder Gewalten oder Mächte. Alles ist durch ihn und auf ihn hin erschaffen, und alles hat in ihm seinen Bestand. (Kol. 1,15-17)

Es ist ganz eindeutig: Die Kirchenväter des vierten Jahrhunderts hatten das Neue Testament auf ihrer Seite, als sie die Lehre von der Dreieinigkeit Gottes formulierten. Ich kenne Menschen, die ich als bewusste Christen schätze und achte, für die Gott nicht der Dreieinige ist. Das ist ihre Entscheidung und die akzeptiere ich. Nicht akzeptabel ist jedoch die Behauptung u.a. der Zeugen Jehovas, dass die Wurzeln der Dreieinigkeitslehre nicht im Neuen Testament zu finden seien.

Wie wir die Dreieinigkeit definieren, darüber lässt sich allerdings streiten. Ich definiere sie als den perfekten Spezialfall der *All-Einigkeit. Gott ist alles in allem* (1. Kor. 15,28). Spätestens in der Vollendung werden wir Menschen am dreieinigen Leben Gottes teilnehmen.

Sehet, welch eine Liebe hat uns der Vater geschenkt, dass wir Gottes Kinder heissen sollen; und wir sind es. Deshalb erkennt uns die Welt nicht, weil sie ihn nicht erkannt hat. Geliebte, jetzt sind wir Kinder Gottes, und noch ist nicht offenbar geworden, was wir sein werden. Wir wissen, dass wir, wenn es offenbar geworden ist, ihm gleich sein werden; denn wir werden ihn sehen, wie er ist. (1. Joh. 3,1ff.)

Ich verweise noch einmal auf die Dreieinigkeitsikone. Ich habe bereits weiter oben auf die «Schublade» zwischen den Füssen von Sohn und Heiligem Geist aufmerksam gemacht. Dass dort ursprünglich ein Spiegel war, ist nur eine von zwei Interpretationen der historischen Forscher. Andere Forscher deuten den Zwischenraum als Schublade mit Inhalt. In den orthodoxen und katholischen Altären wird eine Reliquie verwahrt. In der katholischen Berner Dreifaltigkeitskirche, die mir vertraut ist, ist es eine Reliquie von Bruder Klaus. Ob Reliquien oder Spiegel, beide stehen als Symbol für alle Vollendeten, die am Leben der Dreieinigkeit teilnehmen.

Es gibt indessen bereits vor der Vollendung ein Leben in der Dreieinigkeit, wenn auch in Unvollkommenheit. Paulus nennt die Kirche mehrmals den Leib Christi (Röm. 12,4-6; 1. Kor. 10,17; 1. Kor. 12,12-23; Eph. 1,22; Eph. 5,20; Kol. 1,15; Kol. 1,18). In der Theologie spricht man vom *Corpus Christi mysticum*, dem mystischen Leib Christi. Dass die Gemeinschaft der Christen der mystische Leib Christi ist, drücken wir ganz besonders in der Abendmahlsgemeinschaft aus. Wie auf der Dreieinigkeitsikone durch Spiegel oder Reliquie angedeutet wird, sitzen wir um den Abendmahlstisch. In stark liturgisch geprägten Kirchen wird den Abendmahlsteilnehmern zugerufen: *Werdet, was ihr empfangt, Leib Christi für die Welt.* Das ist sehr sinnvoll. Möchten doch alle Kirchen diesen Ruf übernehmen! Wer diesen Ruf ernst nimmt, wird hinausgehen in die Welt und das, was er hat, mit den andern teilen.

142

Es gibt im Neuen Testament verschiedene Abendmahlstexte; einer ist die wunderbare Brotvermehrung. Die Geschichte steht in allen Evangelien, aber nur im Johannesevangelium ist es ein Knabe, der fünf Brote und zwei Fische hat, die er vertrauensvoll Jesus anbietet (Joh. 6,1ff.), die dieser dann vermehrt. Das ist genau die Situation der wachsenden Christenheit in der dritten Welt. Für sie ist das Geben ein Opfer und sie und die Gaben vermehren sich. Weltweit erlebt die Christenheit ein Wachstum wie nie zuvor. Für uns in den reichen Ländern ist das Geben eine Kollekte, Brosamen vom Tisch des Reichen. Zum Teil sind es reichliche Brosamen, doch in keiner Weise im Sinn des Leibes Christi, der alles teilt. Das Geheimnis christlichen Lebens ist: *Werdet, was ihr empfangt, Leib Christi für die Welt*. Das ist das Leben in der Dreieinigkeit, das Leben in der All-Einigkeit.

Der Heilige Geist als Kraft und Person

Dass der Heilige Geist eine Kraft Gottes ist, glauben auch nicht-trinitarische Christen. Sie wollen von dieser Kraft erfüllt werden, mit ihr leben und wirken, und das ist gut so. Aber haben diese Leute die Bibel auch wirklich verstanden, wenn sie in der Heiligen Geistin nur eine Kraft sehen?

Sie ist zwar in der Tat eine Kraft. Die Jünger sollen in Jerusalem warten, bis ihnen der Geist von Pfingsten geschenkt wird.

> *Bleibet in der Stadt, bis ihr angetan sein werdet mit der Kraft aus der Höhe.* (Lk. 24,49)

Aber der Heilige Geist ist sehr viel mehr als einfach eine Kraft. Der Heilige Geist kann sprechen. Eine Kraft kann das nicht.

> *Als sie nun dem Herrn Gottesdienst hielten und fasteten, sprach der Heilige Geist: Sondert mir doch den Barnabas und den Saulus zu dem Werke aus, zu dem ich sie berufen habe.* (Apg. 13,2)

Es ist bei der Aussendung des Barnabas und des Paulus ganz eindeutig, dass der sprechende Heilige Geist Gott ist.

Der Heilige Geist verwehrt es Paulus, nach Asien zu reisen (Apg.14,7-8). Er erscheint ihm in der Gestalt eines Mannes und zeigt ihm den Weg nach Europa (Apg. 16,9). Er kann ihn aus Europa auch wieder nach Jerusalem zurückholen (Apg.20,22-24). Der Heilige Geist ist ein Tröster (Paraklet), wie einige Übersetzer schreiben, andere übersetzen das Wort Paraklet mit Beistand. Ich selber übersetze es mit Experte. Der Heilige Geist ist der Experte, den wir befragen können, wenn wir mit unserem Latein am Ende sind. Jesus sagt von ihm, dass der Heilige Geist an seiner statt zu uns kommen wird, wenn er fortgeht (Joh. 14,15-18). Er wird uns alles lehren (Joh. 14,26). Im Neuen Testament wird zwar nicht zum Heiligen Geist gebetet, aber der Heilige Geist betet in uns und mit uns (Röm. 8,26). Wir sind der Tempel des Heiligen Geistes (1. Kor. 6,18-20). Die christliche Gemeinde wird im Neuen

144

Testament als Braut Christi gesehen. Sie ist erfüllt vom Heiligen Geist. Braut und Geist sehnen sich, mit Christus vereint zu werden. Sie stossen einen Sehnsuchtsruf aus:

Der Geist und die Braut sprechen: Komm, Herr Jesus. (Offb. 22,17)

Der Heilige Geist wird wechselweise der Geist Gottes oder der Geist Christi genannt (Joh. 4,24; Röm. 8,14; 1. Kor. 2,11; 2. Kor. 3,17; Phil. 1,15).

Der Taufbefehl mag, wie zahlreiche Forscher sagen, dem Auferstandenen später in den Mund gelegt worden sein, doch steht er im Matthäusevangelium, das immerhin gut zweihundert Jahre älter ist als die Formulierung des trinitarischen Bekenntnisses.

Mir ist gegeben alle Gewalt im Himmel und auf Erden. Darum geht hin und machet zu Jüngern alle Völker und taufet sie auf den Namen des Vaters, des Sohnes und des Heiligen Geistes und lehret sie halten alles, was ich euch befohlen habe, und siehe, ich bin bei euch alle Tage bis an der Welt Ende. (Mt. 28,18-20)

Noch älter als die Evangelien sind die Paulusbriefe und somit auch der Gruss des Apostels, der seinen zweiten Brief an die Korinther schliesst mit den Worten:

Die Gnade unseres Herrn Jesu Christi und die Liebe Gottes und die Gemeinschaft des Heiligen Geistes sei mit euch allen. (2. Kor. 13,13)

Damit schliesst sich der Kreis zu dem jüdischen Bekenntnis:

Der Herr, unsere Götter, sind ein Gott. (5. Mose 6,4)

Gott ist innergöttlich Beziehung, Gemeinschaft; Gott ist Liebe.

Der Glaube des Apostels Paulus kreist vollkommen um die Kreuzigung und die Auferstehung Jesu. Von einer Himmelfahrt spricht er nie. Für ihn ist das Wirken des Heiligen Geistes nichts

145

anderes als die Fortsetzung des Lebens des Auferstandenen in uns und bei uns.

Es ist mir klar, dass der Glaube an den dreieinigen Gott uns von Juden und Muslimen trennt. Unterschiede dürfen und sollen durchaus sein. Ein Esperantoglaube wäre kein lebendiger Glaube. Gottfried Keller sagte einmal: «Achte jedes Menschen Vaterland, das deinige aber liebe.» In Anlehnung an dieses Wort sage ich: «Achte jedes Menschen Glauben, den deinigen aber liebe.»

Der Gott der Christen ist ein Gott der Liebe. Die islamischen Mystiker (die Sufis) verehren Jesus als den Propheten der Liebe. Für mich als Christ ist es wichtig, dass Gott bereits innergöttlich Liebe ist, eine Gemeinschaft: Der Vater liebt den Heiligen Geist und den Sohn, der Sohn liebt den Vater und den Heiligen Geist, und der Heilige Geist liebt den Vater und den Sohn. Als Kind Gottes komme ich aus dieser göttlichen Gemeinschaft und werde auch in sie zurückkehren.

Weil Gott eine Gemeinschaft ist, kann auch mein Glaube nicht einfach nur mein Glaube sein. Wir beten nicht «*mein* Vater im Himmel». Unser wichtigstes Gebet ist das «*Unser* Vater». Glaubende sind eine Gemeinschaft. Die Kirche ist eine Gemeinschaft, bleibt eine Gemeinschaft oder wird es überhaupt erst einmal – oder sie wird tatsächlich nicht mehr sein.

Ich habe einmal in einem Gottesdienst vor versammelter Gemeinde die Kirche sterben lassen. Im Chor stand ein offener Sarg. Ich lud die Gottesdienstbesucher ein, sich von der lieben Verstorbenen zu verabschieden und am Sarg vorbeizuschreiten. Das taten die Gemeindeglieder. Im Sarg lag aber nichts anderes als ein Spiegel. Als die Gemeindeglieder in den Sarg blickten, sahen sie sich selber als tote Kirche. Das erschütterte sie damals zutiefst, und wir feierten dann in demselben Gottesdienst auch die Auferstehung der Kirche.

Die Kirche von morgen wird eine mystische Kirche sein. Sie wird die Ratio nicht ausschliessen, sondern sie umfassen. Mystik heisst

146

Erfahrung. Die Vernunft sagt mir, dass es durchaus vernünftig ist, an Gott zu glauben. Persönlich finde ich es sogar viel vernünftiger, an den Gott der Liebe zu glauben als an eine Welt, die entstanden ist aus blindem Zufall und keinen tieferen Sinn hat. Mit der Vernunft beweisen kann ich Gott nicht, aber ich kann ihn erfahren. Und der Geist der Erfahrung ist der Heilige Geist, die dritte Person in Gott, der eine Gemeinschaft – und doch *einer* – ist. Überall und immer in der jüdisch-hebräischen und in der christlichen Bibel geht es beim Heiligen Geist um Erfahrung. Nach seiner furchtbaren Sünde, als David seinen treusten Hauptmann an die Stelle der Kriegsfront geschickt hatte, wo es kein Überleben gab, damit er die Frau des Gefallenen zu sich nehmen konnte, musste er annehmen, dass er Gott nicht mehr erfahren würde. Gepeinigt von seinem Gewissen betete er verzweifelt: «Ich habe gesündigt. Verwirf mich nicht von deinem Angesicht und» – aufgepasst, jetzt kommt's – «*nimm deinen heiligen Geist nicht von mir*» (Ps. 51:13). Mit anderen Worten: *Ich weiss, ich habe es nicht verdient, weiterhin zu spüren und zu erleben, dass du mir nahe bist. Ich habe Angst, dass ich diese Erfahrung nicht mehr machen werde.*

Wer Gott erfahren hat, versteht David durch und durch.

Es muss nicht jede Gotteserfahrung so aufwühlend sein, dass man sich wie betrunken benimmt. Aber Pfingsten war die Erfahrung, dass nicht nur die Herzen brannten, sondern auch die doch so vernünftigen Köpfe. *Und es erschienen ihnen Zungen, die sich zerteilten, wie von Feuer, und es setzte sich auf jeden unter ihnen* (Apg. 2,1ff.). Und diejenigen, die das nicht erlebten, fanden: «Die sind ja alle stockbesoffen.» Ich habe ein paarmal solche Pfingstwirkungen des Heiligen Geistes erlebt und anschliessend Fotos angeschaut. Auf den Fotos waren über den Köpfen der vom Geist Trunkenen buchstäblich die Flammen zu sehen, nämlich die jubelnd erhobenen Hände, die wie Flammen aussahen. Ich denke etwa an den grossen ökumenischen Gottesdienst, der über das Pfingstwochenende 1982 in Strassburg stattfand, wo sich in einem Fussballstadion 25'000 katholische, evangelische und freikirchliche Christen aus ganz Europa versammelten, darunter 500 Priester, auch mehrere Bischöfe und ein Kardinal, sowie ebenso viele evangelische Pfarrpersonen und Kirchenpräsidenten. Das französische Fernsehen war dabei, und ich hörte eine Kamerafrau rufen: «Mais ils sont tous fous!» Ich erinnere mich an einige prophetische Worte, die spontan in die Menge gerufen wurden und mit Jubel oder auch mit grossem Ernst aufgenommen wurden. Ein besonders eindrückliches prophetisches Wort kam aus dem Mund meines guten Bekannten Laurent Fabre, eines Jesuiten aus Frankreich. Es war von politischer Brisanz und wurde sofort über Lautsprecher auf Deutsch, Englisch, Italienisch, Spanisch, Portugiesisch, Schwedisch und Finnisch übersetzt:

Europe, Europe, tu partageras ou tu mourras.

Europa, entweder du teilst deine Güter oder du wirst sterben.

Eine Leuchtspur dieses zweiten Pfingsten findet sich auch im schweizerischen evangelisch-reformierten Gesangbuch unter der Nummer 8. Es ist das Lied des französischen reformierten

148

Theologen und Musikers Alain Bergèse, das am Strassburger Pfingstfest zum ersten Mal gesungen wurde: *Ich lobe meinen Gott – je louerai l'Eternel.*

Strassburg 1982 war wie das erste Pfingsten ein Jubelfest in vielen Sprachen – eine Erfahrung. Der Heilige Geist kann aber auch das Gegenteil von göttlicher Trunkenheit bewirken; er kann in die Erfahrung gemeinsamer Stille führen, was für viele, die das nicht gewohnt sind, fast noch beängstigender ist als der enthusiastische Gotteslobpreis. Das Erleben des Heiligen Geistes kann indessen selbst in einem reformierten Normalgottesdienst die Norm durchbrechen und zur lebensverändernden Erfahrung werden. Nach einem Sonntagsgottesdienst sprach mich einmal eine Frau voller Aufregung an und fragte: «Woher kennen Sie meinen Namen? Sie haben mitten in der Predigt mit mir ganz persönlich gesprochen und mehrmals meinen Namen gebraucht.» Ich hatte in der Predigt weder mit ihr persönlich gesprochen noch geschweige denn ihren Namen ausgesprochen.

Mit Christinnen und Christen zusammen zu sein, welche bewegende Geisterfahrungen gemacht haben, ist nicht immer einfach, weder für sie noch für die andern. Wenn sie versuchen, von dem zu berichten, was gemäss heutigen Durchschnittserfahrungen übernatürlich zu sein scheint, stossen sie bei den Gesprächspartnern oft auf überheblich lächelnde Ablehnung, sodass sie schliesslich verstummen. Vera (Name nicht geändert) war ein Mitglied der Schweizer Kirche London, in der ich zehn Jahre lang Pfarrer war. Vera hatte bereits während des Krieges in London gelebt. Bei einem meiner Besuche zeigte sie mir fast ängstlich einen seltsamen Gegenstand. «Ein Bombensplitter», erklärte sie. «Der Angriff ereignete sich, als ich unterwegs war. Ich hatte keine Gelegenheit, mich schnell genug in einen Schutzraum zu flüchten. Schon fielen die Bomben. Ich rannte verzweifelt durch die Strassen. Da wurde ich plötzlich von einer unsichtbaren Macht gepackt und eine Stimme rief: 'Keinen Schritt weiter!' Vor mir schlug etwas auf den Boden. Als die Hand mich losliess, bückte ich mich. Es war dieser Bombensplitter, der mich erschlagen hätte, wenn ich auch nur einen Schritt weiter gerannt wäre.» Vera seufzte: «Ich habe von diesem Ereignis seit Jahren nicht mehr gesprochen. Ich habe es satt zu hören, dass es keine solche Stimmen gebe. Die Leute sagen mir, diese Stimme sei das Pfeifen der Bombe gewesen und die mich aufhaltende Macht der Luftdruck.»

Ich gebe zu, dass man, wenn man sich unter Menschen bewegt, die für Wirkungen des Geistes offen sind, tatsächlich auch mit einigen Irrungen und Wirrungen konfrontiert wird. Ich kann den Apostel Paulus gut verstehen, der im ersten Korintherbrief vor solchen Wirrköpfen warnt, darunter auch Frauen. Darum rief er einmal ärgerlich: «Dieses Weib da schweige in der Gemeinde!» Selber hatte ich zweimal unbekannte Amerikanerinnen an der Tür, die bei mir im Pfarrhaus vorsprachen und sagten: «Der Herr hat mir gesagt, dass ich bei Ihnen wohnen darf.» Ich antwortete in beiden Fällen kühl: «Also mir hat er es nicht gesagt.»

Es gilt auch zu beachten, dass gerade echte aussergewöhnliche Erfahrungen diejenigen schmerzen können, welche auch gerne so etwas erleben möchten, aber nie ein solches Erlebnis hatten. In einer Gebetsgruppe, in der sich die Teilnehmerinnen und Teilnehmer mit leuchtenden Augen mit solchen Erfahrungen geradezu überboten, andere dagegen sich immer leerer fühlten, stimmte eine weise Pfarrerin die Liedstrophe an:

Wenn ich auch gleich nichts fühle von deiner Macht,
du führst mich doch zum Ziele, auch durch die Nacht.
So nimm denn meine Hände und führe mich
bis an mein selig Ende und ewiglich.

Von dieser Pfarrerin hätte Paulus niemals gesagt: «Dieses Weib schweige in der Gemeinde.»

Der Prahlerei dürfen diese Erfahrungen nicht dienen. Selbst bei Paulus stellen wir fest, dass er nur zögerlich seine geistlichen Erlebnisse preisgibt. Einmal versteckt er sich sogar mit einer besonderen Erfahrung, indem er in der dritten Person von sich spricht.

Gerühmt muss sein, nützlich ist es zwar nicht, ich will aber auf Erscheinungen und Offenbarungen des Herrn kommen. Ich weiss von einem Menschen in Christus, dass vor vierzehn Jahren – ob im Leibe, weiss ich nicht, ob ausser dem Leibe, weiss ich nicht, Gott weiss es – der Betreffende bis in den dritten Himmel entrückt wurde. Und ich weiss von dem betreffenden Menschen – ob im Leibe, ob ohne den Leib, weiss ich nicht, Gott weiss es –, dass er in das Paradies entrückt wurde und unaussprechliche Worte hörte, die ein Mensch nicht sagen darf. (2. Kor. 12,1-4)

Wer solche Erfahrungen verstehen will oder sogar selber machen möchte, wird nicht historisch-kritische Bibelkommentare lesen, so wichtig diese auch sind, sondern er wird sich vom Leben der grossen Heiligen der Kirchengeschichte inspirieren lassen. Selbstverständlich gibt es in der Bibel Mythen, vor allem im Alten, aber auch im Neuen Testament. Doch nicht alles, was uns vorkommt wie ein Mythos, ist tatsächlich mythisch, sondern vielmehr mystisch. David du Plessis wurde einmal gefragt, wie er mit der Bibel umgehe, und er antwortete lächelnd: «Oh, ich mache dasselbe wie Bultmann, ich entmythologisiere die Geschichten der Bibel. Ich lasse das, was in der Bibel steht, passieren, und dann hören diese Geschichten auf, Mythen zu sein.»

Nebst den aussergewöhnlichen Erfahrungen, die es tatsächlich gibt, geben darf und geben muss, gibt es auch das andere, das Verschwinden dieser Erfahrungen, die Nichterfahrung, den *Deus absconditus*, den verborgenen Gott, wo jeder, der durch solche Nächte geht, zusammen mit Christus nur noch schreien kann: «Mein Gott, mein Gott, warum hast du mich verlassen!» Das Glaubensleben besteht nicht einfach aus Oster- und Pfingsterlebnissen. Mit einem englischen Sprichwort ausgedrückt: Es ist nicht *pie in the sky when you die*. Die dunklen geistlichen

151

Zeiten ändern aber nichts an der Tatsache, dass man es den Menschen anmerken kann, ob sie den Heiligen Geist erlebt haben oder nicht, ob sie wissen, was eine Gotteserfahrung ist oder nicht.

Auf seinen Reisen kam Paulus auch nach Ephesus. Zu seiner Freude stellte er fest, dass es in dieser Stadt bereits eine christliche Gemeinde gab. Er brauchte sie nicht erst zu gründen. Allerdings kam ihm diese Gemeinde ziemlich bald recht sonderbar vor. Manchmal frage ich mich, ob Paulus damals wirklich in Ephesus war oder nicht vielleicht eher in einer heutigen schweizerischen, deutschen oder österreichischen Gemeinde. Oder war er in England oder in Frankreich? Es kam Paulus jedenfalls so vor, als ob die ephesischen Christen Gott nicht erfahren hätten. Deshalb stellte er ihnen die Frage: «Habt ihr, als ihr gläubig wurdet, den Heiligen Geist empfangen?» Sie waren verblüfft und fragten: «Heiliger Geist – was ist das?» Wörtlich: «Nein, wir haben nicht einmal gehört, ob es einen Heiligen Geist gebe» (Apg. 19,1-7). Paulus half ihnen dann, Gott zu erfahren, und es ereignete sich ein Ephesus-Pfingsten.

Es ist interessant zu lesen, dass Paulus später im Epheserbrief auf diese Geisterfahrung Bezug nimmt.

> In ihm habt auch ihr, als ihr gläubig geworden seid, das Siegel der Gotteskindschaft empfangen durch den Heiligen Geist, der in seiner ganzen Fülle verheissen ist; der schon jetzt das Angeld ist unseres Erbes. (Eph. 5,13b-14)

Das endgültige Aufgenommen-Sein in das dreieinige Leben, von Paulus *Erbe* genannt, erleben Christen hier und jetzt noch nicht, aber sie haben bereits das *Angeld*, die Anzahlung, die Gotteserfahrung, die Gemeinschaft des Heiligen Geistes.

> Darum werdet nicht voll mit Wein, sondern voll mit Heiligem Geist und redet zueinander mit Psalmen und Lobgesängen und geistlichen Liedern; singet und spielet in euren Herzen dem Herrn. (Eph. 5,18-19)

152

Der Wein ist ein Hinweis auf die Gottestrunkenheit zu Pfingsten. Man sieht es den Menschen an, wenn sie eins über den Durst getrunken haben. In manchen Gottesdiensten möchte man allerdings am liebsten rufen: «Seid doch nicht so langweilig reformiert! Seid ruhig ein bisschen lustig und fröhlich!»

Wer über kreative Fantasie verfügt, wird aus den Äusserungen des Apostels Paulus die Einladung hören, die er an neue Mitglieder der Gemeinde in Ephesus richtet, welche die Erfahrung noch nicht gemacht haben:

> *Schreibt euch ein für einen Kurs, in welchem ihr den Heiligen Geist empfangen werdet. Es gibt zwar Menschen, bei denen es ohne Kurs passiert, wie bei mir, Paulus, als ich vor Damaskus vom hohen Ross geholt wurde und vom Licht des Auferstandenen geblendet eine Zeitlang blind war, aber ausgerechnet in meiner Blindheit innerlich sehend wurde. Viele Menschen erleben die Berührung durch den Heiligen Geist jedoch erst in einem Kurs. Jesus hat einmal gesagt: Wo ist unter euch ein Vater, der, wenn ihn sein Sohn um einen Fisch bittet, ihm anstatt des Fisches eine Schlange gäbe; oder, wenn er um ein Ei bittet, ihm einen Skorpion gäbe? Wenn nun ihr, die ihr böse seid, euren Kindern gute Gaben zu geben wisst, wieviel mehr wird der Vater im Himmel den Heiligen Geist denen geben, die ihn bitten (Lk. 11,11-13). Der Heilige Geist ist die Kraft der Gotteserfahrung. Wenn ihr unter Anleitung von erfahrenen Frauen und Männern um die Gotteserfahrung ringt und gemeinsam betet, werdet ihr empfangen.*

Mit dem Apostel Paulus, dessen Anliegen es ist, dass die Menschen den Heiligen Geist empfangen, der ein Geist der Erfahrung ist, schliesst sich der Kreis. Der erste Teil des Buches befasste sich mit der Mystik, mit dem Einswerden mit dem Urgrund des Seins. Für die meisten Christen ist der Urgrund des Seins der dreieinige Gott.

153

Die Erkenntnis, dass Gott der dreieinige/all-einige Gott ist, hat ihre Wurzeln im Neuen Testament. Das haben wir im zweiten Teil des Buches gesehen. Die unermüdliche Tätigkeit des Apostels Paulus bestand nicht einfach in Verkündigung, sondern in der Vermittlung von Erfahrung. Erfahrung Gottes ist Mystik. Paulus war ein Mystiker. Kein Geringerer als Albert Schweitzer hat ein Buch geschrieben mit dem Titel *Die Mystik des Apostels Paulus*.

Mystiker sind Menschen, die sich eins wissen mit dem Urgrund des Seins. Wenn sie Christen sind, nennen sie die Eins-Werdung eine Gotteserfahrung oder, wie Paulus sagt, eine Christuserfahrung: *Christus in mir* (Gal. 2,20). *Wir in IHM und ER in uns.* Und beides, die Gotteserfahrung und die Christuserfahrung, ist ein Hineingenommen-Werden in die Gemeinschaft des Heiligen Geistes.

154

Das apostolische Glaubensbekenntnis

Predigt gehalten am Mittwoch, 29. Dezember 2021, im ökumenischen Gottesdienst der katholischen Kirche Dreifaltigkeit in Bern.

Ich glaube an Gott, den Vater, den Allmächtigen, den Schöpfer des Himmels und der Erde.

Und an Jesus Christus, den eingeborenen Sohn, unseren Herrn, empfangen durch den Heiligen Geist, geboren von der Jungfrau Maria, gelitten unter Pontius Pilatus, gekreuzigt, gestorben und begraben, hinabgestiegen in das Reich des Todes, am dritten Tage auferstanden von den Toten, aufgefahren in den Himmel, er sitzt zur Rechten Gottes, des allmächtigen Vaters, von dort wird er kommen, zu richten die Lebenden und die Toten.

Ich glaube an den Heiligen Geist, die heilige, allgemeine (katholische) Kirche, Gemeinschaft der Heiligen, Vergebung der Sünden, Auferstehung der Toten, und das ewige Leben.

Meine Auslegung beginnt mit einem eigenen Glaubensbekenntnis:

Ich glaube an die Urkraft des Seins, den menschenfreundlichen Gott, der sich als dreifaltige Liebesgemeinschaft offenbart. Als Schöpfer hat er in das Chaos des Nichts eingegriffen und ein Universum und eine Welt geschaffen, deren Ziel die göttliche Liebe ist. Gott hat sich dem Volk Israel offenbart und will von diesem Volk aus von allen Völkern als liebender Vater und liebende Mutter erkannt werden.

Ich glaube an die zweite Person der göttlichen Liebesgemeinschaft, an Jesus Christus, den menschgewordenen Gott, der in sichtbarer, greifbarer und verletzbarer Gestalt in das Chaos des Nichts eingetreten ist. Am Kreuz hat das Chaos den Schöpfer

155

verschlungen. Doch mit diesem vermeintlichen Sieg der Chaosmächte hat sich das Nichts selber den Todesstoss versetzt. Christus ist auferstanden.

Ich glaube an die dritte Person der göttlichen Liebesgemeinschaft, den Heiligen Geist, hebräisch die heilige Ruach, die weibliche Seite Gottes, die Gott erfahrbar werden lässt, sodass Gott bei den Menschen zur Realität wird und er sie zu seinen Mitarbeitern ausrüstet und sie mit Freude und Dankbarkeit erfüllt. Frui Deo, das Geniessen Gottes.

Ich glaube, dass ich nicht einfach hochentwickelter Staub bin, der wieder zu Staub wird, sondern Geist aus Gott, dem Staub eingehaucht. Im Menschen kann das Leben, das aus Gott stammt, Gott und sich selber erkennen. Ich komme von Gott und kehre auch wieder zu Gott zurück. Ich werde vor ihm Rechenschaft darüber ablegen, wie ich mein Leben in seinem göttlichen Plan eingesetzt habe.

Ich glaube an die Kirche. Als Sinnbild für Maria, der Mutter Jesu, trägt auch sie Christus unter ihrem Herzen und lässt ihn in unserer Zeit immer wieder neu auf die Welt kommen. Die Kirche ist der Leib Christi, der als Brot des Lebens in die christusbedürftige Welt verteilt wird.

Ich glaube, dass das Ende der Welt genau so wenig ihr Ende sein wird wie der Tod das Ende des Menschen bedeutet. Die ganze Schöpfung sehnt sich danach, im Leben Gottes verwirklicht zu werden: Gott alles in allem, der drei-einige, all-einige Gott, die erweiterte göttliche Liebesgemeinschaft, ein neues Kapitel in der Schöpfungsgeschichte. Und so glaube ich, dass das Leiden der jetzigen Zeit nichts bedeutet im Vergleich zu der Herrlichkeit, die an uns geoffenbart werden soll. Das Schönste kommt noch.

156

Liebe Gemeinde

Nächstes Jahr feiere ich meinen fünfundachtzigsten Geburtstag. Aber eigentlich bin ich viel älter. Ich bin dreizehn-komma-sechs-milliarden Jahre alt. – Ihr übrigens auch; auch ihr seid dreizehn-komma-sechs-milliarden Jahre alt.

Mit dieser zunächst geradezu verrückt scheinenden Aussage sind wir schon mitten im Glaubensbekenntnis – jedenfalls in *meinem* Glaubensbekenntnis. Die Verfasser des Apostolicums wussten noch nichts von einer Evolutionslehre, sie wussten nichts von einer allmählichen Entwicklung; sie hatten nie etwas von einem Big Bang gehört, der vor dreizehn-komma-sechs-milliarden Jahren stattgefunden hat.

Mein Bekenntnis beginnt mit den Worten: *Ich glaube an die Urkraft des Seins.* Indem ich das bekenne, identifiziere ich mich mit dem Glauben sämtlicher Menschen, selbst mit dem Glauben der Atheisten. Denn die ganze Menschheit staunt darüber, dass nicht einfach nichts ist, sondern dass da etwas Gewaltiges entstanden ist, ein ganzes Universum oder vielleicht sogar mehrere Universen, entstanden aus einer Urkraft, einer Energie, die das alles hervorgebracht hat. Das glauben selbst die Atheisten. Mit der Aussage *Ich glaube an die Urkraft des Seins* bekenne ich mich auch zu den Erkenntnissen der Wissenschaft.

Ich glaube, dass diese Urkraft des Seins der menschenliebende Gott ist, der sich als dreifaltige Liebesgemeinschaft offenbart. Hier beginnen die Unterschiede. Mit dieser Glaubensaussage unterscheide ich mich von den Atheisten, aber auch von den Juden und den Muslimen, obschon mich mit diesen beiden monotheistischen Religionen vieles verbindet. Und diese Unterscheidung ist gut; die Menschheit ist nicht ein gleichgemachter Einheitsbrei. Auch Gott ist nicht eine sture Einheit; für Christen ist er Liebe, und Liebe kann er nur sein, wenn er innergöttlich Liebe ist. In dem einen Gott liebt der Vater den Sohn und den Heiligen Geist; der Sohn liebt den Heiligen Geist und den Vater, und der Heilige Geist liebt den Vater und den Sohn, und alles, was aus dieser Liebesgemeinschaft hervorkommt, auch uns, die wir innergöttlich dreizehn-komma-sechs-milliarden Jahre alt sind, aber erst seit wenigen Jahrzehnten auf dieser Erde leben.

Mit meinem Glauben an den Gott, der Liebe ist, trenne ich Gott bewusst von dem liebes- und lebensfeindlichen, sinnlosen Chaos, in das der menschenfreundliche Gott eingegriffen hat und nicht aufhört einzugreifen. Das Nichts, aus dem Gott Himmel und Erde und das Universum geschaffen hat, ist nicht einfach ein Gar-Nichts, sondern das Chaos, wie es auf der ersten Seite der Bibel beschrieben wird, in späterer Zeit Teufel genannt. Der Teufel ist keine Person, im Gegenteil, höchstens eine Nicht-Person, er ist das Tohuwabohu, wie das Chaos auf Hebräisch heisst. Das Personhafte, die Liebe, kommt nur Gott zu.

Im Apostolicum stehen zwei Namen: Pontius Pilatus und die Jungfrau Maria. Mit Pontius Pilatus und der römischen furchtbaren Hinrichtungsmethode wird im Apostolicum bewusst geschichtlicher Boden betreten. Jesus Christus ist nicht ein ungeschichtlicher Mythos. Einige Menschen mögen bezweifeln, dass Jesus Christus der sich klein, verwundbar und sterblich gemachte Gott ist, doch nicht zu bezweifeln ist, dass dieser Mensch gelebt hat und gekreuzigt worden ist. Auf den Namen Pontius Pilatus habe ich in meinem Bekenntnis verzichtet, habe aber an seiner Statt das Volk Israel erwähnt. Israel ist wie Pilatus ein Garant für die Historizität des Wirkens Gottes, aber Israel ist wichtiger als Pilatus. Christus hätte auch durch einen anderen Befehlshaber hingerichtet werden können als durch Pontius Pilatus. Der Name Pilatus gehört nicht mit derselben Dringlichkeit zu meinem Glauben wie Israel. Die Erwähnung Israels in einem christlichen Glaubensbekenntnis ist in einer Zeit des wiedererwachenden Antisemitismus besonders wichtig. Ich kann nicht Christ sein ohne die Juden. Christen und Juden sind von Gott untrennbar miteinander verbunden.

Auf den Namen Pilatus habe ich in meinem Bekenntnis verzichtet. (Aber ich habe ein Buch über ihn geschrieben, einen Roman.) Nicht verzichtet habe ich auf den Namen Maria. Sie ist die Mutter des Zentrums meines Lebens. Ich bin evangelischer Christ, aber ich liebe Maria genauso wie jede fromme italienische Katholikin, welche betend vor der Madonnenstatue kniet. Ich liebe auch Joseph und hätte ihn in meinem Credo gerne erwähnt, aber ein Bekenntnis soll man nicht überladen.

Maria habe ich in meinem Bekenntnis erwähnt, aber ich habe ihr eine andere Stellung gegeben als im Apostolicum. Ich bringe sie im Glaubensartikel «Kirche». Maria ist die Gottesgebärerin. Dass Christus in unseren Herzen geboren werden soll, hört man oft in Weihnachtspredigten. Das ist zwar wichtig und richtig, doch in einer Zeit, in welcher der Individualismus mit seinem Ich-Ich-Ich alles beherrscht, geht es mir darum, Gegensteuer zu geben. In meinem Bekenntnis trägt nicht einfach der Einzelne Christus unter dem Herzen, sondern es ist die Kirche, welche Christus wie Maria auf die Welt bringt. Die Kirche ist der Leib Christi, der an die christusbedürftige Welt verteilt werden soll. Und das kann die Kirche nur durch Zeugung durch den Heiligen Geist. Hier habe ich für die mir sonst fremde Aussage *geboren aus der Jungfrau Maria* einen passenden Ort gefunden.

Das Neue Testament spricht nirgends von einer bleibenden Jungfräulichkeit Marias. Das Neue Testament erwähnt Brüder und Schwestern Jesu. Nach streng konservativ katholischer Auffassung sind das Cousins und Cousinen von Jesus; für mich als evangelischer Christ sind es echte Brüder und Schwestern Jesu. Ich mag es Maria und Joseph von Herzen gönnen, dass sie eine gesunde und erfüllte Sexualität gelebt haben.

In meinem Bekenntnis habe ich den Satz *von wo er kommen wird zu richten die Lebenden und die Toten* weggelassen. Ich bin als Seelsorger vielen Menschen begegnet, die als Kinder mit einem furchtbaren richtenden Gott aufgewachsen sind und unter Höllenangst gelitten haben. Nicht selten hatte ich in der Seelsorge auch Menschen, die befürchteten, dass ihr verstorbener ungläubiger Mann oder ihre Frau in der Hölle sei. In den ersten Monaten von Aids war Aids geradezu ein Beweis für das göttliche Gericht. Zunächst waren es vor allem Schwule, welche von Aids betroffen waren. Gott hasst Homosexualität, hörte man von gewissen protestantischen Kanzeln, und ein katholischer Bischof verlangte, dass Schwule und Lesben vom Empfang der Eucharistie ausgeschlossen würden. Sie durften zwar in der Messe anstatt des Abendmahls einen Segen empfangen, mussten aber mit erhobenen Händen bekunden, dass sie nur gesegnet werden durften, also homosexuell waren. Ein solcher Gott ist nicht mehr der Gott der dreifaltigen Liebesgemeinschaft, sondern ein Bölimann.

Aber in anderer Form musste auch ich den Gerichtsgedanken erwähnen. Kann ein Hitler einen Weltkrieg auslösen und sechs Millionen Juden und Sinti und Roma umbringen, und das hat für ihn keine Folgen? Da bäumt sich alles in uns auf. Oder können in unserer Welt Kinder verhungern, und dann haben die halt einfach Pech gehabt? Schluss, aus? Nein, diese Kinder werden noch einmal zu Wort kommen, zusammen mit denjenigen, die wissentlich oder unwissentlich oder einfach ohnmächtigerweise schuld waren an diesem Verhungern. Und es könnte durchaus sein, dass da einige Fragen auch an dich und mich gerichtet werden. Davon lege ich Zeugnis ab unter dem Punkt «Leben nach dem Tod».

> *Ich glaube, dass ich nicht einfach hochentwickelter Staub bin, der wieder zu Staub wird, sondern Geist aus Gott, dem Staub eingehaucht. Im Menschen kann das Leben, das aus Gott stammt, Gott und sich selber erkennen. Ich komme von Gott und kehre auch wieder zu Gott zurück. Ich werde vor ihm Rechenschaft darüber ablegen, wie ich mein Leben in seinem göttlichen Plan eingesetzt habe.*

Das *Ich*, das da glaubt, dass es nicht einfach hochentwickelter Staub ist, ist das *Ich* der ganzen Menschheit, nicht einfach das *Ich* gläubiger Christen. Erde wird wieder Erde und Staub wieder Staub, doch der Geist kehrt in die göttliche Liebesgemeinschaft

160

zurück, aus der er gekommen ist. Jeder Mensch kehrt wieder in die Liebesgemeinschaft zurück.

Ich glaube nicht an eine Hölle, jedenfalls nicht an eine ewige Hölle. Ich glaube an eine Hölle hier und jetzt, in der sich viele befinden und zu Gott schreien, oder auch nicht schreien, sofern sie sich in einer *goldenen* Hölle befinden. Aber ich glaube ganz unprotestantisch an ein Purgatorium, das wir uns ein Leben lang zimmern. Wenn wir sterben, wird das, was bislang unsere Innenwelt war, zur Aussenwelt, in der sich die Seele befindet. Ich stelle mir diese Purgatoriumswelt vor als ein Land, in dem ich mit mir selber leben muss. Bei den einen ist es ein schönes Land mit einem Weg direkt ins Licht, und auf diesem Weg werden wir von solchen begleitet, die bereits in der göttlichen Liebesgemeinschaft sind, bei den andern ist es ein Land, in welchem der Geist – oder soll ich sagen die Seele? – die Begleiter zunächst gar nicht wahrnimmt, auch das Christuslicht wird er zunächst nicht sehen. Gott zwingt niemanden in die Liebesgemeinschaft. Aber irgendeinmal wird jede Seele den Wunsch verspüren, in diese Gemeinschaft zurückzukehren. Selbst diejenigen, welche Christus in diesem Leben tausendfach gekreuzigt haben. Es gilt: *Vater vergib ihnen; denn sie wissen nicht, was sie tun.*

Ich liebe das apostolische Glaubensbekenntnis. Ohne das Apostolicum hätte ich mein eigenes Bekenntnis gar nicht schreiben können. Das apostolische Glaubensbekenntnis ist das wunderbare Glaubenshaus, das meine Vorfahren mir gebaut haben. In diesem Haus wohne ich, aber ich habe es mittlerweile mit meinem Glauben mitgeprägt. Ich habe an dem Haus bauliche Veränderungen vorgenommen. Meine Vorfahren besassen noch keine Kühlschränke, keine modernen Herde und keine Waschmaschinen. Ich habe mir auch einen Wintergarten gebaut und im Garten eine Pergola. Das Haus meiner Vorfahren ist jetzt wirklich mein Haus. Ich habe auch die Möbel umgestellt. Den Gerichtsschrank habe ich vom Eingang entfernt. Die Gäste, die ich in meinem Glaubenshaus empfange, müssen nicht als erstes ihre

Mäntel in den Gerichtsschrank hängen. Am Eingang empfange ich die Gäste mit einem Willkommensdrink. Mein Begrüssungsdrink heisst: *Ich glaube an den Urgrund des Seins.* Den genehmigen sich sogar die atheistischen Gäste. Freundinnen bringen mir Blumen, Freunde eher eine Flasche Wein. Die Blumen stelle ich nicht in die Vase *Jungfrauengeburt*, sondern in die Vase *soziale Verantwortung – Kirche, die den Heiland unter dem Herzen trägt und den Leib Christi an die Welt verteilt.* Der geschenkte Wein kommt nicht in den Schrank *aufgefahren in den Himmel*, den meine Gäste Kosmonautenschrank nennen würden. Ich giesse ihn in die Gläser *Erfahrbarkeit Gottes, Frui Deo, ein Genuss.* Die apokalyptischen Stühle, die zusammenbrechen, wenn sich die Gäste setzen, habe ich entfernt. Auf meiner neuen Polstergruppe fühlen sich meine Gäste wohl, denn:

> *Ich glaube, dass das Ende der Welt genauso wenig ihr Ende sein wird wie der Tod das Ende des Menschen bedeutet. Die ganze Schöpfung sehnt sich danach, im Leben Gottes verwirklicht zu werden: Gott alles in allem, der drei-einige, all-einige Gott, die erweiterte göttliche Liebesgemeinschaft, ein neues Kapitel in der Schöpfungsgeschichte. Und so glaube ich, dass das Leiden der jetzigen Zeit nichts bedeutet im Vergleich zu der Herrlichkeit, die an uns geoffenbart werden soll. Das Schönste kommt noch. Amen.*

162

Na(s)chwort

Sie haben richtig gelesen: Naschwort. Ein Naschwort ist mehr als ein Nachwort. Ich habe mit meinen Leserinnen und Lesern an der verheissungsvollen Zukunft der Kirche genascht. Ein Naschwerk ist bereits der Buchumschlag, der an die Jünger im Sturm erinnert. Petrus wagte es, das sichere Boot, das im Sturm selbst unsicher geworden war, zu verlassen. Er trat auf die gefährlichen Wellen hinaus und ging auf Christus zu, der ihm im Sturm entgegenkam. Petrus konnte gehen – in der tödlichen Gefahr tatsächlich gehen. Zwar erfasste ihn erneut die Angst und er begann zu sinken, doch schon umfingen ihn die Arme Jesu. Alles war gut, besser als zuvor, denn jetzt hatten er und die anderen Jünger endlich begriffen, wer dieser Jesus wirklich war.

Ich habe in den Wochen, als ich an diesem Buch schrieb, einen Abend lang mitten in der säkularen Jugendwelt an der Zukunft der Kirche genascht, an einem Konzert besonderer Art. Eigentlich mag ich vor allem die Musik von Händel, Bach und ähnlichen. Aber in Bern haben wir keinen Bach, sondern die wunderschöne Aare, und an der Aare steht die Kulturmühle Hunziken, und dorthin begaben meine Frau und ich uns auf Einladung unseres Sohnes, mitten in das Konzertgewühle des Apokalypse-Orchesters Kummerbuben. In dem dichten Gedränge war schon unser Sohn geradezu einer der Alten, und nur ganz wenige seiner Altersstufe waren an das Konzert gekommen. Meine Frau und ich als absolute Methusalems wurden als Exoten besonders zuvorkommend behandelt und von freundlichen jungen Menschen an einen Tisch geführt, von wo aus wir alles genau beobachten konnten. Und es gab tatsächlich einiges zu sehen. Die Jungen begannen sich zu der Musik zu bewegen, zuerst zögerlich, doch mit Bierflaschen, die nicht nur in den Händen blieben, sondern oft an die Lippen geführt wurden, immer freier. Viele kannten die Lieder, welche der Bandleader sang, auswendig und sangen sie begeistert mit. Die Mühle war durchdrungen von einer auch für uns Uralte spürbaren Energie. Es wurde immer ekstatischer. Der Boden, auf dem der Tisch stand, an dem wir sassen, bebte dermassen, dass selbst der Tisch zu hüpfen begann. Aber es war eine freundliche, liebevolle Ekstase. Keine Spur von Gewalt, wie sie leider oft bei Fussballspielen ausbricht. Ich verstand nicht alle Worte der Lieder, aber einiges, das für meine Ohren hörbar war, hätte mich ohne Weiteres zu einer Predigt inspirieren können: *Was ist ein Glücksrad, an dem niemand dreht, wohin geht der Sinn, wenn ihn niemand braucht?* Oder auch: *I weiss nid wär i by* (*ich weiss nicht, wer ich bin*). Diese herrlichen jungen Menschen, Körper an Körper, Bierflasche an Bierflasche, bewegend, stampfend, riefen ekstatisch nach Antworten. Irgendeinmal wirbelte eine junge Dame zu Methusalem. Sie fasste meine Hand – nein, nicht um mich hochzuziehen, damit auch ich Hüfte schwingend stampfen würde –,fuhr sanft über meine Handlinien, lächelte und sagte: «Sie werden weitere tausend Jahre alt.»

Sitzend inmitten der lärmigen Ekstase glitt auch ich in meinen Gedanken in andere Gefilde. Selbst ein Methusalem muss einmal sterben. Ich stand vor Gott und wurde gefragt, ob ich nicht noch einmal in ein menschliches Leben zurückkehren würde, noch einmal als Pfarrer, schliesslich sei doch Predigen meine Leidenschaft gewesen. Und ich sagte: «Also gut, ich gehe noch einmal, aber nebst dem Predigen muss auch Musik meine Leidenschaft sein, damit diese herrlichen jungen Menschen lebensspendende Worte bewegen, stampfen und singen können, mit oder ohne Bier. Das wäre dann wieder Pfingsten.»

Die Kirche von morgen wird eine ekstatische Kirche sein, aber sie wird auch eine Kirche der kontemplativen Stille sein. Es braucht beides. Sie wird eine Kirche mit Gotteserfahrung sein.

Das säkulare Konzert war für mich geistliches Naschwerk geworden.

164

Weitere Bücher von Marcel Dietler

Simone und Simon

Gegenwart und Vergangenheit begegnen sich

ISBN-13: 9783755732716

Erscheinungsdatum: 06.12.2021

Der Hyänenflüsterer vom Wasserfall

ISBN-13: 9783754337158

Erscheinungsdatum: 07.09.2021

Judas

Der berühmteste Kuss der Welt

ISBN-13: 9783753424927

Erscheinungsdatum: 11.03.2021

Der zwangspensionierte Gott

Ein Blick aus der Zukunft in die Vergangenheit und Gegenwart

ISBN-13: 9783752628975

Erscheinungsdatum: 18.11.2020

166

Gekrönt oder gehörnt

Mit Gott und Menschen durch die Coronakrise

ISBN-13: 9783751935166

Erscheinungsdatum: 12.06.2020

Über die Bücher gehen

Ein Gespräch mit Bibel-Verächtern, Bibel-Gläubigen, Bibel-Freunden, Bibel-Neueinsteigern und Bibel-Gelangweilten

ISBN-13: 9783750482371

Erscheinungsdatum: 20.03.2020

Pilatus

Die letzten Stunden des Statthalters von Helvetien

ISBN-13: 9783750403390

Erscheinungsdatum: 16.11.2019

Ich freue mich auf meine Beerdigung

Ich werde dabei sein

ISBN-13: 9783749431427

Erscheinungsdatum: 05.04.2019